A CONQUISTA DE UM MUNDO MELHOR

A CONQUISTA DE UM MUNDO MELHOR

UMA QUESTÃO DE ESCOLHA CONSCIENTE

Como o mundo dos negócios pode mostrar
o caminho de novas possibilidades

John E. Renesch

Tradução
ULISSES MARTINS BAZÍLIO

Prefácio
ANITA RODDICK, fundadora da
The Body Shop International

EDITORA CULTRIX
São Paulo

Título do original: *Getting to the Better Future*.

Copyright © 2000 John E. Renesch.

Todos os direitos reservados. Nenhuma parte deste livro pode ser reproduzida ou usada de qualquer forma ou por qualquer meio, eletrônico ou mecânico, inclusive fotocópias, gravações ou sistema de armazenamento em banco de dados, sem permissão por escrito, exceto nos casos de trechos curtos citados em resenhas críticas ou artigos de revistas.

Permissões e Créditos
O editor agradece as seguintes permissões:

O artigo da IW intitulado "Design a Better Future" (ver Apêndice B) foi reproduzido com a permissão de Industry Week (6 de maio de 1996). Direitos Autorais, Penton Media, Inc., Cleveland, Ohio.

Domains of Reality, reproduzido aqui com a permissão de David Berenson. Copyright © 1999 David Berenson, Sausalito, Califórnia.

O poema "Lições" foi gentilmente cedido para reprodução pela autora, Kathleen Pratt. Copyright © 1994, 2000 Kathleen Pratt, San Francisco, Califórnia.

O primeiro número à esquerda indica a edição, ou reedição, desta obra. A primeira dezena
à direita indica o ano em que esta edição, ou reedição, foi publicada.

Edição	Ano
1-2-3-4-5-6-7-8-9-10	02-03-04-05-06-07-08

Direitos de tradução para a língua portuguesa
adquiridos com exclusividade pela
EDITORA PENSAMENTO-CULTRIX LTDA.
Rua Dr. Mário Vicente, 368 — 04270-000 — São Paulo, SP
Fone: 272-1399 — Fax: 272-4770
E-mail: pensamento@cultrix.com.br
http://www.pensamento-cultrix.com.br
que se reserva a propriedade literária desta tradução.

Impresso em nossas oficinas gráficas.

Visão para um Futuro Melhor

... um mundo no qual a comunidade empresarial sirva à sociedade de forma segura e humanística, que afirme a vida e seja responsável por exercer influências positivas sobre a evolução da humanidade.

— Extraído de *The 21st Century Agenda for Business: A Global Resolution for New Corporate Values and Priorities*

Dedicatória

Willis W. Harman
(1919 – 1997)

Dedico este livro a Willis Harman, um amigo, colega e mentor, que faleceu em janeiro de 1997. Sempre penso no quanto a minha vida teria sido diferente se eu não tivesse conhecido Willis no começo dos anos oitenta. Graças a ele, encontrei um tipo de trabalho que valia muito a pena fazer e para o qual me senti chamado de um modo muito especial. A presença de Willis ainda é marcante. Não passo um dia sem sentir sua presença e influência. Obrigado, amigo. Sua visão de um mundo melhor e sua influência foram muito além dos seus alunos em Stanford, seus colegas do SRI e do Instituto de Ciências Noéticas, sua família, seus amigos, e os leitores das suas obras.

Presidente do Instituto de Ciências Noéticas de 1977 ao final de 1996, Willis W. Harman atuou antes como cientista social no SRI International e foi Professor Emérito de Sistemas de Engenharia e Economia da Universidade de Stanford. Também foi membro do Conselho de Regentes da Universidade da Califórnia e co-fundador da World Business Academy. Sua obra inclui livros como *An Incomplete Guide to the Future, Higher Creativity, New Metaphysical Foundations for Science, Changing Images of Man* e *O Novo Negócio dos Negócios* (publicado pela Ed. Cultrix).

"Podemos até ser o povo mais bem-informado da história, mas somos o que menos se conhece."

— Norman Lear, produtor de televisão

"Somente mudando a forma de pensar é que se pode ampliar as fronteiras do possível."

— Winston Churchill

lições

o que fazes
para ensinar tua alma a dançar?
o que fazes
a mantém presa dentro de ti
escondida das camadas densas
de dor, sufocada pelo medo, emudecida pela inércia
ou a deixas iluminada
nas asas de riscos desconhecidos
para voar rumo a um mundo de fantasias do qual
não há garantia de retorno
e do qual podes até cair
o que fazes
para ensinar tua alma a dançar?

o que fazes
para ensinar tua alma a sentir?
o que fazes
a mantém protegida pelo
falso manto da
segurança, envolta no silêncio inquebrável
trancada atrás de portas de aço
pelas quais o vento frio não passa
e dentro das quais a morte é lenta e certa
ou removes a camada espessa
insensível como o gelo ao toque
atiças uma fagulha tímida
e fazes da brasa uma chama ardente
que se espalha, queima e consome
mesmo quando atinges a forma mais elevada
o que fazes
para ensinar tua alma a sentir?

A conquista de um mundo melhor

o que fazes
para ensinar teu coração a amar?
o que fazes
o aprisiona em páginas
de poemas amargos, canções de amor não correspondido
que nunca lês para que te ouçam, só para ti
o deixas acorrentado, de mãos atadas
que só se movimentam o suficiente
para fazer as contas infindas
de pequenas ofensas
ou abres fendas e lacunas
largas o bastante para alguém entrar, encontrar
um nicho e decorá-lo
com seus próprios sonhos e paixões
pintar as paredes com pinceladas de carícias, ir
e vir quando bem quiser
sem travas nem amarras, mas com
o toque simples de um abraço forte
o que fazes
para ensinar teu coração a amar...?
— kathleen pratt (C© 1994, 2000 by Kathleen Pratt)

Sumário

Apresentação 13

Prefácio 19

Introdução: Perigo e oportunidade 29

Capítulo um: O fim da economia do cowboy 37

Capítulo dois: Uma questão de escolha 51

Capítulo três: A criação de um futuro melhor 59

Capítulo quatro: O papel dos negócios 89

Capítulo cinco: A maior responsabilidade 125

Capítulo seis: Um novo programa para os negócios 153

Capítulo sete: A volta para casa 159

Apêndices

    A. Programa do século XXI para os negócios 169

    B. Reprodução de artigo da revista *Industry Week* 177

    C. Fontes 185

Bibliografia 187

Visão de um Futuro Melhor

Um mundo onde todos são um espírito poderoso e criativo, compassivo e amoroso, em parceria com seus iguais, com o propósito de crescer espiritualmente. Um mundo onde só devemos lealdade à vida e cuidamos com carinho da nossa Terra viva. Um mundo de pessoas que são seres humanos universais, e cujos objetivos são a harmonia, a cooperação, a partilha e o respeito à vida.

— Extraído de *Genesis: The Foundation for the Universal Human*

Apresentação

de Anita Roddick
Fundadora e Vice-Presidente da The Body Shop International

Em 1991, escrevi meu primeiro livro, *Body and Soul: Profits and Principles*. Um dos meus objetivos ao escrever esse livro era difundir os valores que havíamos estabelecido em The Body Shop, na esperança de que um dia a indústria cosmética acordasse e percebesse que a ameaça em potencial oferecida pela nossa empresa não era tanto de ordem econômica, mas simplesmente o fato de ser um bom exemplo.

A empresa desenvolveu uma péssima reputação para si mesma. Muito me admirou saber que o mundo dos negócios aparentemente se orgulha da forma de ser desinteressado e desatento com relação aos valores humanos. Como será que alguém pode gerir uma empresa com sucesso nos dias de hoje sem essa preocupação? Como será que os empresários conseguem manter a alma fora dos negócios?

As empresas de hoje têm responsabilidades em escala global porque as decisões que tomam afetam problemas mundiais que envolvem a economia, a pobreza, a segurança e o meio ambiente. Mesmo assim, enquanto as empresas de todo o mundo conduzem o planeta a um só destino, não há um código internacional de práticas, não há acordos sobre responsabilidades mútuas. E tanta coisa *poderia* ser feita.

A empresa é uma combinação de energia humana e de capital, o que, a meu ver, significa poder. A empresa é a força mais poderosa da sociedade atual, e é essa força que deve ser utilizada para provocar mudanças na sociedade.

No final da década de noventa, eu soube de um boletim informativo voltado para as empresas e feito fora de San Francisco. Chamava-se *The New Leaders* e abordava questões importantes sobre a responsabilidade da empresa pela qualidade e continuidade da vida humana. Seu objetivo era "despertar a consciência da empresa". Por meio dessa publicação, conheci o redator e editor — John Renesch — e até mesmo escrevi vários artigos para o boletim, em meados dessa década.

Também escrevi alguns capítulos para algumas das antologias que John compilou — *The New Entrepreneurs: Business Visionaries of the 21st Century* (1994), em conjunto com o professor da Escola de Administração de Stanford Michael Ray, e *The New Bottom Line: Bringing Heart and Soul do Business* (1996). Também sou grande admiradora de uma antologia de 1995 que John compilou com Bill DeFoore, intitulada *Rediscovering the Soul of Business: A Renaissance of Values* — talvez o meu preferido, e um livro que dei de presente a vários colegas, funcionários, donos de franquias e amigos.

Sou admiradora do trabalho de John há quase uma década e agora aprecio seu empenho em ajudar os empresários a assumir a responsabilidade que têm como cidadãos do mundo e guardiões da vida como um todo. Em vez de simplesmente criticar a situação vigente, John oferece sabedoria e oportunidades para que a comunidade empresarial assuma a liderança e a responsabilidade por uma verdadeira transformação social, uma transformação que seja de grande valor para todos os cidadãos do mundo, inclusive aqueles dentre nós que pertencem ao setor empresarial.

Apresentação

Pouco tempo atrás me lembraram do sentido do termo sueco para "negócios" — "naringsliv" — cuja tradução é "alimento para a vida". Essa é raramente a idéia que se faz da empresa atualmente.

Lamentavelmente, a imagem que o mundo dos negócios faz de si mesmo parece ser contrária a isso, uma vez que, em sua maioria, as empresas exploram, manipulam, enganam e sonegam impostos em busca de lucros maiores — a missão mais importante e mais dispendiosa para a maioria delas. Ainda procuro a versão moderna dos Quakers, que geriam empresas bemsucedidas, geravam dividendos porque ofereciam produtos honestos e tratavam as pessoas com dignidade, trabalhavam com afinco, gastavam o necessário, economizavam regularmente, atribuíam ao dinheiro o seu devido valor, ofereciam mais do que recebiam e não mentiam. Essa doutrina empresarial, infelizmente, parece ter caído no esquecimento.

Livro pequeno e de fácil leitura, esta nova obra de John oferece de modo conciso um horizonte de novas possibilidades para as gerações futuras, uma visão na qual os negócios podem e devem desempenhar um papel preponderante. As instituições de maior influência em todo o mundo, nos dias de hoje, são as empresas multinacionais, que possuem o incrível poder de nos conduzir a um dos dois caminhos apresentados por John nesta obra.

Quando abri a The Body Shop, eu contava com uma grande vantagem. Não havia cursado uma faculdade de administração de empresas. Não sabia como proceder. Não conhecia as regras. Tampouco conhecia os riscos. Simplesmente segui meu próprio caminho, trabalhando com garra e coragem. Sinceramente, acredito que não teria obtido sucesso se tivesse *aprendido* a fazer negócios.

Descobri que um gerente de banco é a última pessoa a quem se deve pedir conselhos porque ele é apenas o "guardião" do

A conquista de um mundo melhor

dinheiro e raramente "capta" o espírito de uma idéia ou sabe como promovê-la e fazê-la funcionar. Infelizmente, na Grã-Bretanha, as duas coisas são confundidas e, portanto, ninguém fomenta novos talentos e boas idéias. Em contraposição aos EUA, nós da Grã-Bretanha não temos a cultura do empreendimento. Respeitamos por demais as "empresas" tal como são vistas pelos "empresários" — o que se traduz por dinheiro simplesmente, ou por bancos — e há muito pouca vontade de inovar o uso do capital.

O que chama a atenção em The Body Shop é que ainda não sabemos as regras. Temos a compreensão básica de que, para gerir esse negócio, não é preciso saber nada. Técnica não é a solução. Tampouco, dinheiro. É preciso otimismo, humanismo, entusiasmo, intuição, curiosidade, amor, senso de humor, magia e alegria, e um ingrediente secreto — euforia.

Neste livro, John propõe uma visão do futuro que abarca todas essas qualidades. Seu otimismo não conhece fronteiras, o que nos reserva várias surpresas agradáveis, desde que mudemos nossas idéias acerca de como o mundo tem de ser.

Ele também revela o que nos aguarda se não mudarmos nossa maneira de ver as coisas, se continuarmos a pensar como temos feito nas últimas tantas décadas, e meramente cruzar os braços e deixar que as coisas continuem sendo como sempre foram. Desse modo, enquanto revela uma visão que pode encantar a todos nós, o autor define o que chama de "ponto de escolha" — o momento de optarmos juntos sobre a vontade de realizar ou não o máximo do nosso potencial como seres humanos. Só é preciso mudar a nossa mentalidade — nossa maneira de pensar sobre as pessoas, sobre a empresa, sobre o nosso modo de fazer negócios, e sobre o resto do mundo.

Recomendo este livro para todo empresário que queira ajudar a criar um futuro melhor para nós, e para todos os que se

– 16 –

Apresentação

relacionam com outra pessoa em busca do mesmo ideal. John define de modo bastante claro a escolha que se apresenta para nós como espécie, uma escolha que pode determinar se vamos nos tornar uma espécie em extinção ou se vamos avançar rumo a uma consciência superior e aceitar um destino com o qual jamais sonhamos.

— Anita Roddick
Janeiro de 2000

Prefácio

Este livro apresenta a visão de um mundo melhor, um mundo transformado, que é muito mais que uma versão melhorada do que temos hoje. Esse mundo melhor que eu vislumbro é, por assim dizer, "um mundo que funciona para todos". Conquistar esse novo mundo é perfeitamente possível, mas sua criação não será concretizada por meio dos métodos já conhecidos, tais como o aperfeiçoamento constante. Só pode ser concretizada por meio de um processo com o qual *não* estamos familiarizados.

O mundo melhor que eu vislumbro é um mundo que pode ser criado por meio de uma transformação completa da nossa mentalidade, o que pode ser chamado de mudança de paradigma. Essa transformação significa mais do que uma mudança; ela será histórica. A raça humana testemunhará pela primeira vez uma mudança radical de visão de mundo tal como essa que proponho — o modo como vemos e percebemos o universo no qual vivemos.

Este livro é pequeno para os padrões convencionais. É pequeno porque conseguir um futuro melhor não é tão complicado assim. Eu disse o que era preciso dizer e não enchi páginas e mais páginas para lhe dar ares de importância. Se eu fizesse isso, só passaria a impressão de que provocar mudanças é uma tarefa difícil. Não é. É tão simples quanto mudar de idéia.

Este livro inclui casos pessoais, histórias da minha jornada e sobre como passei de pequeno empresário, preocupado em desafiar pequenos negócios locais, a um pensador e futurista de visão global, que vislumbra a possibilidade de um mundo muito melhor.

Tenho certeza de que muitas das minhas experiências e "divagações" são semelhantes a de muitos outros, embora as nossas histórias e os nossos caminhos possam ter sido bem diferentes.

Nesta obra, proponho uma idéia que alguns podem considerar inicialmente absurda — a de que a comunidade empresarial é o candidato mais provável a nos conduzir rumo a essa mudança histórica de paradigmas. Essa idéia pode parecer absurda para os leitores mais céticos, cujo conceito de empresa inclui todos os elementos mais sombrios, tais como ganância, exploração, manipulação e egoísmo. Para os que compartilham dessa idéia, peço-lhes que abram a mente o bastante para ouvir o meu argumento: o de que o mundo dos negócios é um agente de transformação social.

Como se diz por aí, "os céticos são idealistas desiludidos". O ceticismo resulta, em grande parte, de visões não-concretizadas, sonhos não-realizados e expectativas frustradas do passado. Portanto, conforme também se diz, "em todo cético, há um idealista". Com essa metáfora em mente, saí em busca de um ideal: "desmascarar" os céticos que lessem este livro.

Também incluí neste livro trechos de textos de outras pessoas — pessoas que "ganharam louros" suficientes para imprimir suas marcas e garantir seu apoio na construção de um futuro novo para a humanidade.

Ao mesmo tempo que espero que este livro o estimule ou até mesmo o atice a pensar de modo diferente, também espero que você enxergue novas possibilidades de transformação em

Prefácio

sua vida, instituição ou indústria, e que possa ir além do que sou capaz de vislumbrar — transformações sustentadas por uma visão de mundo em que há possibilidades reais de um futuro melhor.

Iniciando com uma belíssima apresentação da autoria de Anita Roddick, uma das verdadeiras heroínas do movimento para a sustentabilidade e fundadora da The Body Shop International, este livro tira proveito da oportunidade que existe nas crises mundiais que afetam a humanidade nestes dias. Em seguida, analisamos o imperialismo econômico que reina de modo tão absoluto. Depois, abordamos as escolhas, visando criar um futuro melhor e mudar paradigmas. Prosseguimos com o exame do papel da empresa, à qual pertence a principal responsabilidade por dar o próximo passo rumo à evolução da humanidade. Por fim, voltamos para casa, depois de reconhecer nosso destino final como seres humanos.

Agradecimentos

Antes de começar, quero expressar meu profundo agradecimento a todos os que inspiraram e continuam a inspirar minhas investidas rumo ao crescimento pessoal e profissional. Esse grupo de pessoas inclui algumas que nunca encontrei, tais como Abraham Maslow, George Bernard Shaw, John F. Kennedy, Martin Buber, W. Edwards Deming, Jack London, Robert Fritz, Nelson Mandela, Vaclav Havel, Mikhail Gorbachev e Peter Drucker. E há também colegas que me ensinaram muito enquanto eu me aperfeiçoava para traduzir teorias e conceitos que nasceram no mundo acadêmico, tornando-os mais acessíveis a um número maior de pessoas. Entre eles estão Michael Ray, Peter Senge, Margaret Wheatley, Ervin Laszlo, Fritjof Capra e Willis Harman, a quem dedico este livro.

Nos últimos anos, aprendi a ser mais direto e provocativo ao fazer uso da linguagem, tanto ao escrever quanto ao falar em público. Esse aspecto provocador da minha personalidade foi inspirado por escritores francos e diretos como Gary Zukav e Rob Rabbin, que, por acaso, também são grandes amigos. Obrigado.

Sou grato por ter trabalhado com todos os autores que contribuíram com as dezenas de antologias que fiz na última década, pela disposição que demonstraram para aprender comigo e por tudo que pude aprender com eles. Como somam mais de trezentos, não vou mencionar todos aqui, mas quero que saibam que não significam menos porque seus nomes não figuram entre os demais nestas páginas.

Também gostaria de agradecer a cada pessoa que entrevistei para o boletim informativo *The New Leaders*, no período em que trabalhei como editor-chefe (de 1990 a 1997). Havia entre setenta e cinco e oitenta pessoas, de todos os níveis, em organizações grandes e pequenas, que atuaram como fonte de grande inspiração para mim e para meus leitores.

Várias pessoas contribuíram muito para o meu desenvolvimento pessoal e espiritual, e me ajudaram a me tornar um ser humano mais consciente. Dentre elas, cito Abraham Maslow, Buckminster Fuller, Rob Rabbin, Rumi, Sahina, Lazaris, Sua Santidade o Dalai Lama, Raz e Liza Ingrasci do Hoffman Institute, Werner Erhard, Peter Russell e David Berenson.

Agradeço a todos os membros do "grupo intermediário", que foram uma fonte de grande apoio e afirmação para mim nos últimos onze anos.

Algumas pessoas surgiram em minha vida em momentos diferentes dessa jornada, gerando certos conflitos. Não vou identificá-las pelo nome, mas devo admitir que cresci muito em decorrência desses conflitos, me livrei da mágoa que ainda restava, perdoei a cada uma delas, assim como a mim mesmo, e agradeço a todas pelo papel que desempenharam no meu processo de desenvolvimento e aprendizado.

Sou muito grato a muitas pessoas que considero "veteranas" — homens e mulheres que iluminaram um caminho que segui numa época um tanto tardia da minha vida, depois de uma carreira de trinta anos como ávido empreendedor. Dentre elas, menciono pessoas como Warren Bennis, uma das maio-

Agradecimentos

res autoridades no mundo quando o assunto é liderança; Charles Handy, filósofo de gerenciamento cujas palavras inspiram milhões; Riane Eisler, com quem aprendi tanto a respeito do sexo masculino e feminino e sobre a natureza e conspiração sutis do machismo; Tom Peters, o bombástico e corajoso guru do gerenciamento, que é tão aberto em relação ao seu próprio processo, e nem um pouco parecido com alguns "especialistas" que se tornam tão presos ao trabalho que fazem há anos. Há também Jeremy Tarcher, um homem sensível, que tem sido uma fonte de grande apoio profissional; bem como Angeles Arrien, um exemplo vivo de elegância e paciência. A Steve Piersanti quero agradecer pelo coleguismo, apoio e amizade incondicionais.

Como amigos e colegas estimados, gostaria de agradecer às seguintes pessoas, para quem reservo um lugar especial no meu coração, além das que já mencionei: Jim Autry, Claudette Allison, Gary Zukav, Alan Parisse, Anita e Gordon Roddick, Sahina, Ted Long, John Scherer, Bert Berson, Joyce Peterson, Marycatherine Dwyer, Michele Scott, Elizabeth Bloom, Verna Allee, Vince Scarich, Herman Maynard, Peter Turla, Tom Kuhn, Marie Kerpan, Sheila Woodworth, Kathy Kirkpatrick, Sven Atterhed, Rae Thompson, Tom e Pam Frame, Nancy Hollis, Seth e Marilyn Manning, Susan Davis, Rolf Osterberg, Bob e Fran Ruebel, Stephen Roulac, Angeles Arrien, Kaz Gozdz, Christian e Lea Andrade, John Steiner, Oprah Winfrey, John Vasconcellos, Sergio Lub, Lynne Twist, Paul Ray, David Korten, William Halal, Claudia Holmes, Jerry Richardson, Pete Russell, Steve Soskin, George Leonard, Michael Murphy, Perry Pascarella, Dee Hock, Ken Blanchard, Paul Hawken, Robert White, Judi Neal, Martin Rutte, Joel Kurtzman, Peter Roche, Solange Perret, Jack Stack, Eckart Wintzen, Chris Grosso, Gail Holland, Kris Knight, Paul Hwoschinsky, Marianne Williamson, Roger Harrison, Stewart

Emery, Norman Lear, Charlene Harman, Ervin Laszlo, Thomas Moore, Ray Anderson, Lester Thurow e Rob Rabbin.

Sou muito grato pelo coleguismo e apoio dos que se dispuseram a ler o manuscrito deste livro e pelos comentários que fizeram. É reconfortante saber que há outros que estão dispostos a contribuir para uma causa comum. São eles: Patricia Aburdene, John Adams, Jim Autry, Warren Bennis, Ed Cornish, Bill George, BJ Hateley, Hazel Henderson, Sally Helgesen, Perry Pascarella, Rob Rabbin, Michael Ray, Pete Russell, George Starcher e Neale Donald Walsch, bem como todos os que expressaram sua aprovação, depois que este livro foi para o prelo.

Durante a minha transição de editor, em 1997, para escritor em período integral, prestei serviços para diversos clientes. Sou muito grato pela oportunidade que tive de ser útil a essas pessoas e organizações durante esse período. Me enriqueci com a experiência e aprendi muito ao trabalhar para todas elas. Dentre essas pessoas, cito: Christopher Laszlo e Jean-François Laugel, Mark Bryant e o Triune Communication, Nedra Carroll e sua filha Jewel, Colleen Anderson, William Guillory e a Innovation International, Kymn Rutigliano e Burt Reynolds, Carol McCall e o World Institute for Life Planning, Bert Berson e Joyce Peterson da Berson & Associates, Rob Rabbin, Larry Liberty, Robert White e a ARC International, Alan Kay e a America Talks Issues, e Alan Parisse.

Quero expressar minha profunda gratidão pelo coleguismo e companheirismo de todos aqueles com quem trabalhei para criar o "Programa do séc. XXI para os Negócios: Uma Proposição para Novos Valores e Prioridades Empresariais", durante a primeira metade de 1999. O nosso grupo inicial que lavrou o documento e o assinou antes de se tornar patrimônio público chegou a ser constituído de mais de quarenta pessoas, de mais de dezesseis países. Ele passou a ter mais de duzentas quando

Agradecimentos

o Programa foi colocado na Internet, em julho de 1999. (Esse programa é explicado com maiores detalhes no Capítulo seis). Obrigado a todos. Um belo trabalho!

Obrigado, Kathleen Pratt, pelo poema tocante que você gentilmente permitiu que eu reproduzisse nestas páginas.

A realização deste trabalho não teria sido possível sem a colaboração do falecido Willis Harman — meu amigo, colega e mentor importante na minha vida. Embora tenha falecido em 1997, sinto sua presença quase todos os dias. Obrigado por "ficar por perto", caro amigo.

Obrigado a Chris Hegarty por sugerir que eu escrevesse este livro, e pela inspiração que me deu há mais de vinte anos quando, pela primeira vez, ouvi uma fita em que falava para uma platéia de empresários sobre o tema da transformação — uma idéia radical na época — e todos estavam atentos!

Sou grato a Carolynn Grandall da Select Press e a Jim Schneider da Right Angle Design pela ajuda na edição, composição e publicação deste livro, e à Ingram Book Company, pela distribuição. Meus agradecimentos se estendem a Karla Keller, Dottie Koontz e Kathleen Pratt, que revisaram os rascunhos deste livro e descobriram alguns erros mais graves. Obrigado às três!

Não consigo expressar toda a gratidão por Anita Roddick. Sinto-me lisonjeado por me ter honrado de modo tão público ao concordar em escrever o prefácio deste livro. Obrigado, Anita.

Sou especialmente grato a um amigo, professor e especialista — David Berenson. Com ele, aprendi tanto sobre mim mesmo, sobre a maneira como as pessoas se comportam e sobre como o mundo funciona. Graças à sua grande capacidade e intuição, pude lançar um pouco de luz sobre as sombras escuras que existem dentro de mim e a me tornar cada vez mais consciente das diferentes partes de mim mesmo. Também devo a David a minha vida e lhe serei eternamente grato.

Devo muito à minha vida espiritual, que continua a ficar cada vez mais rica e indômita diante dos incidentes aparentemente indesejados da minha vida material e que acontecem de tempos em tempos. Embora seja um acréscimo relativamente recente na minha vida, a minha relação de carinho com a Mãe, em toda a sua divindade, tornou-se uma fonte importante de alimento para a minha alma. Sinto-me privilegiado por essa experiência.

INTRODUÇÃO

Perigo e oportunidade

O termo chinês para "crise" é representado por dois símbolos — um deles significa "perigo" e o outro se traduz por "oportunidade". A maioria de nós só vê o perigo quando uma crise se instala em nossa vida. No entanto, com a compreensão de que a oportunidade coexiste com o perigo, pode-se ter uma perspectiva completamente nova quando se está em estado de crise. Sei que toda crise pela qual passei na vida é uma prova disso. Quando faço uma retrospectiva das situações que ameaçavam a minha vida, a minha carreira ou a minha reputação — já passei por tudo isso — vejo que me tornei uma pessoa melhor, um ser humano mais consciente, como resultado da *maioria delas*.

A conquista de um mundo melhor

Por que não *todas elas?*

Bem, em alguns casos, não enxerguei a oportunidade. De modo geral, essas ocasiões se deram antes de eu começar a examinar a minha vida, antes de descobrir que eu podia mudar e, por conseguinte, mudar minha experiência de vida neste mundo. Antes de aprender isso e de começar a minha caminhada rumo a uma vida mais consciente, eu só enxergava o perigo nas crises que cruzavam o meu caminho. Mas as lembranças dessas crises permaneceram comigo, dando-me a chance de voltar a elas, se quisesse, e usá-las para crescer.

Quando comecei a perceber o quanto eu podia aprender e crescer com *todas* as experiências da minha vida, o intervalo entre o acontecimento aparentemente negativo e o proveito que poderia tirar da oportunidade de aprendizado diminuiu. Atualmente, esse intervalo é de apenas algumas horas ou dias. Há poucos anos, era necessário muito exame de consciência e uma profunda introspecção (ou o que chamo de "faxina" emocional) para conseguir ver alguma oportunidade nas situações que causavam dor ou medo.

Lições da minha vida

Uma das crises que vivi foi uma relação amorosa particularmente angustiante que terminou em meados dos anos oitenta. Ela causou um impacto significativo na minha vida profissional e foi uma fase muito difícil para mim. Foram necessários muitos anos e muitas sessões de terapia para chegar a um ponto em que conseguisse me desvencilhar do apego emocional que nutri por essa mulher, e principalmente do bordão "fui injustiçado", que ouvimos com tanta freqüência nas canções típicas do oeste americano.

Anos depois, vi a oportunidade que se apresentara para mim durante a crise. Mas, na época, eu estava tão voltado para o

Introdução

lado negativo da situação que não consegui enxergar o lado positivo. Por fim, percebi o quanto havia crescido como pessoa, como o meu sofrimento havia sido causado mais pela idéia de ter sido injustiçado do que pela experiência real do sofrimento e pela decepção em si.

Outra crise se abateu sobre mim depois de alguns anos. Surgiu uma situação particularmente desagradável no trabalho — fui injustamente acusado de cometer uma injustiça com um colega. Foi uma situação muito dolorosa e fiquei indignado. No entanto, eu sabia que uma das primeiras coisas que precisava fazer era perdoar essa pessoa que me acusara — não pelo bem *dela*, mas pela minha paz interior e o meu bem-estar. Levou algum tempo para que eu conseguisse perdoá-la; no entanto, principalmente porque eu estava convencido de que perdoar também significava me reconciliar, e eu sabia que não queria jamais me "relacionar" com aquele homem novamente. A luz de um provérbio se acendeu na minha cabeça — um "estalo" que pôs fim a qualquer vestígio de ressentimento que eu guardava.

Aprendi que perdoar os outros é um ato de extremo egoísmo.

Poucas semanas depois, eu estava conversando com um colega conhecedor do drama que cercou o incidente e me peguei comentando o episódio de um ponto de vista completamente diferente. Em vez de falar como se algo horrível tivesse acontecido comigo, como ele estava sugerindo, eu estava falando com *gratidão*. Isso mesmo — sentia-me muito *agradecido* pelo que acontecera! Foi uma grande surpresa e uma grande lição que aprendi sobre o poder do perdão.

Se aquela situação "negativa" não tivesse ocorrido, talvez eu jamais tivesse começado a escrever e a dar palestras sobre a transformação do mundo dos negócios e da sociedade — uma fonte de profunda alegria para mim. Como eu poderia guardar rancor depois de ter ganho um presente desses?

A conquista de um mundo melhor

Por isso, hoje reconheço mais prontamente as oportunidades que surgem na minha vida na forma de crises. Mas não foi sempre assim, não é assim para milhões. Todos os dias ouço pessoas reclamarem de como foram prejudicadas, traídas ou lesadas, e parece que, por bloquear qualquer estímulo ao crescimento, vão carregar a rabugice e o lamento até o túmulo. Isso é muito triste, quando imaginamos as inúmeras formas pelas quais elas poderiam aproveitar a vida e aumentar seu crescimento, expansão e consciência. É triste vê-las ainda presas ao passado, à "história" do mal imperdoável que sofreram.

Numa crise mais recente nos negócios, pude concluir o processo de perdão em algumas semanas — muito mais rápido do que na época do incidente, ocorrido cinco anos antes, e mais rápido ainda se comparado à minha "crise" em meados dos anos oitenta.

Por que estou contando tudo isso?

A oportunidade na crise

Contei algumas das minhas crises pessoais porque vejo uma grande oportunidade nas crises que atualmente se abatem sobre a humanidade. Assim como o meu crescimento como pessoa, com o qual aprendi a ver oportunidades nas crises pessoais, nós, como sociedade, podemos tirar proveito da oportunidade coletiva na crise atual — uma crise que enfrentamos juntos.

Tal como a idéia do notável futurista e visionário Buckminster Fuller, atingimos um ponto da nossa evolução em que temos de agir como se a humanidade estivesse a bordo de uma nave espacial. Uma ameaça para qualquer um de nós significa uma ameaça para todos. Como disse Fuller, não há passageiros na Nave Espacial Terra. Somos todos tripulantes.

Introdução

Todos vemos os relatórios e ouvimos as notícias sobre a degradação do meio ambiente, o desaparecimento da civilidade e da comunidade, o crescente ceticismo mundial e outras tendências desoladoras e incontáveis que se impõem a nós e aos nossos descendentes. A lista é interminável. O perigo é real! Há uma crise de proporções históricas se abatendo sobre a humanidade neste início de século.

Não resta dúvida de que estamos testemunhando o fim do Sonho Americano. Nem todos no mundo podem ter o que temos. Não há espaço para isso. As coisas parecem assustadoras. Essa é a parte *perigosa*.

O que não se comenta hoje em dia é a enorme *oportunidade* que está por trás dessa histórica crise mundial. Existe a possibilidade de a humanidade ascender para um nível novo e estimulante de consciência planetária, um novo nível de comunidade, um novo nível de sustentabilidade e um novo nível de convivência. Essa é uma oportunidade de transformação que está além do que podemos imaginar!

As transformações não são previsíveis. Diferenças previsíveis são chamadas "mudanças", e não falo somente de uma simples mudança. As transformações são mudanças de paradigma, em que se crê que as coisas sejam de um determinado modo agora e, então..., dias, semanas ou anos depois, passa-se a acreditar que sejam de outro modo. Mas o "outro modo" não pode ser planejado ou previsto com exatidão.

Um exemplo disso é encontrado no século XVII, quando a forma plana da Terra era vista como uma "realidade". Todos acreditavam que era assim, e assim era! Por fim, depois de mais ou menos um século de controvérsias e de se ridicularizar o "povo da Terra redonda", mudou-se o consenso e, pronto! Ninguém mais admitia ter um dia acreditado que a Terra fosse plana, uma vez que já estava provado que a Terra era redonda

– 33 –

A conquista de um mundo melhor

(ou, mais precisamente, uma esfera). Mais adiante, vou falar mais sobre mudanças de paradigma.

Nessa transformação, não há nada que traga mais oportunidades do que o mundo dos negócios para se conduzir o resto da humanidade por essa revolução do espírito, para a negação do ceticismo e da separação, tão comuns nos dias de hoje. Em nenhum outro meio encontra-se oportunidade maior de liderança mundial, liderança responsável para toda a humanidade. E quem está mais bem preparado?

Agora, antes que você faça objeções com base no seu ceticismo, ou tome uma posição defensiva em relação ao que acabei de afirmar, deixe-me prestar alguns esclarecimentos.

Uma vida inteira fazendo negócios

Já passei quase quarenta anos fazendo negócios. Acho que, na verdade, estive na folha de pagamento de alguém por um período cumulativo de vinte e quatro meses em toda a minha vida, sem contar os empregos da época do segundo grau e da faculdade. A empresa e o sistema de mercado livre fazem parte da minha vida há muito tempo. Tenho muita consideração pela empresa e pelos potenciais que pode atingir. Já vi profissionais realizarem milagres quando conseguem operar num sistema de mercado livre sem a burocracia do governo ou de outras instituições.

Estou convencido de que, se a comunidade empresarial puder enxergar a oportunidade que existe nesta crise mundial, a oportunidade de abrir caminho para uma mudança profunda e histórica — muito além da imaginação dos nossos ancestrais —, os profissionais de negócios vão fazer de tudo para aproveitá-la.

Alguns não tardam em lembrar que "o negócio das empresas é fazer negócio" — e não, "salvar o mundo" ou resolver problemas de ordem mundial. Essa é a turma do "Isso não é comigo", que logo se recusa a admitir qualquer responsabilidade

Introdução

pela crise que todos enfrentamos. Qualquer transformação deverá acontecer em meio às objeções desses sujeitos antiquados e teimosos. Mas não precisamos de unanimidade. Então, por que não aproveitar a oportunidade já?

O espírito humano vive em todos nós — jardineiros, artistas, poetas e atletas. Ele se manifesta em todos. Está presente até mesmo nos "homens e mulheres de negócios". A maioria das pessoas que estão "nos negócios" simplesmente adapta a própria personalidade ao que percebe ser um certo estilo de vida — de agir, falar e pensar.

Adotamos um padrão de comportamento que distingue os "homens e mulheres de negócios" dos atletas, artistas, marceneiros ou faxineiros. É como se tivéssemos nos maquiado e vestido uma fantasia, ensaiando a fala para representar um papel. Mas, atrás dessa personalidade que assumimos — desse papel que representamos — esconde-se uma alma, como todo o resto da humanidade. Se, por um lado, essa alma tiver sido reprimida por algum tempo por conseqüência de agir, falar e pensar como "homem ou mulher de negócios", ela não perdeu sua conexão com as demais e anseia por se ver livre do papel que representa. Como um escravo que quer se livrar da escravidão, a alma anseia pela liberdade e aproveita a oportunidade quando a mesma se apresenta.

Nas páginas seguintes, dirijo-me ao seu espírito, à sua alma — não à sua mente, ao seu *curriculum vitae* ou à sua persona de homem ou mulher de negócios. Mostro o ponto em que nos encontramos enquanto espécie e abordo brevemente o nosso estágio na evolução. Menciono vários formadores de opinião respeitados, tanto do mundo acadêmico quanto do mundo dos negócios, para me ajudar a construir meus argumentos e conjeturar a possibilidade de um futuro novo e melhor para todos nós.

Então, mãos à obra.

"Tomar uma posição é uma maneira de viver e de ser que remonta a um lugar dentro do indivíduo que está no cerne do seu ser. Quando alguém toma uma posição, encontra o seu lugar no universo, e tem a capacidade de mudar o mundo."

— Lynne Twist, executiva e
fundadora do The Hunger Project

CAPÍTULO UM

O fim da economia do cowboy

Atuo no mundo dos negócios desde que me tornei adulto. Em 1955, aos dezoito anos, inventei uma roda de liga de aço para carros velhos usados em corrida. Nos anos sessenta, um sócio e eu abrimos uma empresa de produção de eventos e fazíamos nossas próprias exposições em locais como o Cow Palace e o Los Angeles Shrine Auditorium. Em 1968, abri minha própria agência de propaganda e relações públicas.

Eu *adorava* abrir empresas que permitiam que eu criasse algo do nada — algo que oferecesse um serviço ou produto pelo qual as pessoas me pagassem. Eram empreitadas muito divertidas, cheias de desafios. Eu era a quintessência do "pequeno empresário" — a pessoa que lança uma meta, avalia os recursos disponíveis e depois usa esses ativos para atingir a meta proposta. Tal como o cowboy americano, eu era independente, individualista, e ousado. Se ficasse entediado, o que acontecia com muita freqüência, eu simplesmente mudava para algo mais interessante.

A conquista de um mundo melhor

Era uma vida *ótima*! *Mas* — em meados da década de setenta — algo aconteceu...

Depois de vinte anos de desafios, prazer e total independência, comecei a me indagar *por que* eu estava fazendo tudo aquilo. *O que* eu estava fazendo? O que *significava* tudo aquilo? Havia tantos problemas no mundo e eu estava completamente absorto nos meus empreendimentos insignificantes.

Comecei a avaliar minha vida, meus objetivos e o meu destino. Comecei o que James Autry, ex-presidente da Meredith Corporation, atualmente poeta e escritor de livros sobre negócios, chama de "vida examinada".

É claro que, como a maioria das pessoas que iniciam um processo de auto-avaliação, não comecei a me examinar com profundidade simplesmente porque isso parecia uma boa idéia. Como quase todos os que embarcam em aventuras rumo ao próprio mundo interior, eu me encontrava em meio a uma crise de meia-idade — se bem que a minha começou um tanto cedo, aos trinta e sete anos. E, assim como muitos que enfrentam crises parecidas, embarquei nessa viagem preocupado com a bagunça que eu poderia acabar encontrando no meu íntimo.

Uma das primeiras coisas que percebi quando comecei a analisar minha vida foi que muitas das minhas decisões sobre como a vida deveria ser eram conclusões a que eu havia chegado aos treze anos! Era muito pouco provável que eu abordasse um adolescente de treze anos na rua para pedir-lhe conselhos sobre como viver a vida. Mas, na prática, era o que eu estava fazendo. Aos quase quarenta anos, eu estava seguindo um plano de vida traçado por um garoto. Essa idéia me incentivou a prosseguir minha busca. E fui adiante.

Eu tinha pouca esperança de encontrar o baú cheio de tesouros que me aguardava, pois esperava algo mais próximo de um grito distante vindo da Caixa de Pandora. As palavras de

Sócrates eram cada vez mais verdadeiras para mim — "Não vale a pena viver uma vida que não tenha sido examinada."

Depois de vários anos de introspecção significativa e bastante intensa, decidi me dedicar a algo maior do que simplesmente eu mesmo — algo que pudesse exercer algum impacto positivo sobre a humanidade. Fiz perguntas, conversei com colegas e amigos, e conheci algumas pessoas de visão e muito inteligentes que estavam desenvolvendo um trabalho que parecia "importante" para o futuro do mundo.

Willis Harman

Dentre essas pessoas, estava Willis Harman. Antes de conhecer Willis, eu pensava que "eu" ia fazer algo realmente significativo. Mas eu ainda tinha a mentalidade de um "pequeno empresário". Pouco tempo depois de conhecê-lo, comecei a perceber que havia milhares e milhares de pessoas — de todas as profissões — tentando fazer do mundo um lugar melhor.

Willis Harman fora professor da Stanford, futurista e cientista social do Stanford Research Institute (chamado atualmente de SRI International), e estava no auge do que chamava de "terceira carreira" — como presidente do Institute of Noetic Sciences — quando o conheci. Ele escrevera vários livros, inclusive *An Incomplete Guide to the Future.*

Willis era um homem comum, embora muito inteligente, extremamente curioso e muito cordial. Mas tinha objetivos muito bem definidos desde os seus tempos de Stanford, quando tinha seus próprios lampejos intuitivos. Ele sabia que nós, seres humanos, estávamos no caminho errado — agindo como se fôssemos separados uns dos outros quando, na verdade, estávamos todos interligados, uns aos outros e todos a algum tipo de força superior. Ele estava convencido de que o futuro poderia tomar uma forma muito diferente se mudássemos nossa maneira de ver a realidade, nossa maneira de pensar sobre tudo.

A relação entre o pensamento e a realidade

Conforme continuava meu período de auto-avaliação, passei a concordar com Willis — a acreditar no poder da consciência humana e na idéia de que a nossa "realidade" é fruto do que pensamos. Aprendi o quanto a realidade *material* é produto de crenças, conceitos e idéias *imateriais* sobre a ordem das coisas.

Comecei a ver o quanto a consciência é causal — como o nosso pensamento cria a realidade que percebemos e como esse sistema se consolida a menos que algo ameace o sistema, ou o *status quo*.

Percebi como a nossa mentalidade — nosso pensamento, nossa visão de mundo, nossas convicções, ou como quiser chamá-las — cria a nossa "realidade". Vi que uma crença arraigada de que algo é verdadeiro pode exercer grande influência sobre o modo como percebemos as coisas em nossa vida. Pude ver de que modo essas percepções, influenciadas de modo tão forte por nossas crenças, podem formar a base da nossa experiência. Isso fecha o ciclo por meio do qual as crenças levam a percepções que se refletem nas nossas experiências que, por sua vez, reforçam essas crenças. Desse modo, criamos uma vida que se molda, em grande medida, às nossas crenças. Portanto, nossa consciência "causa" a nossa realidade (o modo como a percebemos). E o sistema continua a se reforçar ao longo das nossas vidas, *a menos que o desafiemos!*

À medida que fui aprendendo e me desenvolvendo, passei a ver que o mundo e as experiências que ele nos traz poderiam

O fim da economia do cowboy

ser muito diferentes se mudássemos o nosso pensamento. Vi como a *minha* experiência do mundo poderia ser diferente se eu mudasse *o meu* pensamento. Isso aconteceu quando comecei a ver a verdadeira possibilidade de uma transformação mundial — uma realidade nova que jamais poderíamos alcançar projetando o presente sobre uma idéia que fazemos do futuro. Afinal, qualquer panorama que se vislumbre para o futuro pareceria desanimador, mesmo que toda a população tomasse consciência de todos os problemas do mundo *no presente*! Mas, por meio de uma mudança de paradigma, uma verdadeira transformação dos conceitos que temos da realidade, das pessoas e do mundo —, seria possível gerar uma realidade completamente nova e diferente. Embora haja pouco consenso acerca dessa perspectiva, eu *sabia* que era possível.

Nessa época, convenci-me de que preferia ser parte de uma comunidade em que as pessoas ajudassem a transformar o mundo do que fazer parte de uma multidão que assistisse a tudo de cima do muro. Também estava disposto a abrir mão da auto-imagem de "empresário cowboy" e a tornar-me parte de uma equipe.

É claro que havia muita liberdade de escolha associada ao fato de eu ser um empreendedor independente. Era a independência no seu mais alto grau. Restava saber o que fazer a respeito do "bem comum" — o "patrimônio" compartilhado por todos e do qual todos dependiam. Parte das dificuldades que enfrentei ao assumir esse compromisso — ao tomar essa decisão que levaria a um novo estilo de vida — era o conflito que eu enfrentava entre o meu desejo de fazer algo pelo "bem comum" e a perda aparente da minha independência, da minha liberdade, à qual me apegara tanto. Depois, percebi que esse era também o desafio do federalismo, em que Estados separados perdem, de certo modo, sua independência quando pas-

– 41 –

sam a fazer parte de um grupo maior de Estados, semelhante ao que está acontecendo na formação da União Européia, nos últimos anos.

Apesar dessa dificuldade, eu queria trabalhar com pessoas como Willis e com outras que conheci durante a minha busca interior. Mas eu tinha *certeza* de que não queria prestar serviços sem fins lucrativos. Eu só sabia fazer negócios. Além disso, eu *adorava* fazer negócios. Decidi então me voltar para a comunidade empresarial — a instituição que atualmente exerce o maior domínio sobre a humanidade e o meio no qual eu me sentia mais à vontade. E, de algum modo, encontrei o equilíbrio entre a minha liberdade e independência e o serviço à comunidade — ao "bem comum".

Fazer dinheiro

No início dos anos oitenta, eu estava no ramo imobiliário. Nossa firma era especializada em gerar muito capital para pessoas que nos confiassem seus recursos para investimento. Muitos dos nossos investidores chegavam a receber o equivalente a quatro vezes o valor do investimento inicial, no período de apenas quatro anos — com lucro anual de 100%! Sem incluir as reduções fenomenais de impostos sobre a propriedade de imóveis, comuns nessa época.

Meus dois sócios e eu éramos os acionistas majoritários da empresa, que investia na compra de propriedades em nome de grupos de investimento que formávamos e administrávamos, ficando com uma porcentagem dos lucros obtidos pelos nossos investidores. Eu exercia o cargo de diretor-administrativo da empresa. A inflação era alta; financiamentos de alta alavancagem eram a regra do jogo e o aumento do patrimônio era extraordinário. Nessa época, as leis tributárias norte-americanas concediam grandes deduções para o mercado imobiliário, de modo que os investidores podiam ganhar quatro dólares a cada dólar investido de fato. O progresso era acelerado e todos ganhavam muito dinheiro.

Na mesma época, eu continuava a examinar a minha vida — uma jornada que comecei a trilhar no início dos anos setenta. Eu me perguntava o porquê de estar aqui, neste planeta, e qual o significado de tudo isso. Ganhar muito dinheiro para mim, para meus sócios e para os investidores começou a me parecer algo um tanto tacanho e provinciano, tendo em vista os problemas mundiais.

Foi durante esse período que a corrida armamentista tomou os rumos mais insanos que se podia imaginar e passei a enxergar a situação mundial, além do nosso empreendimento. Logo tomei consciência dos problemas globais e decidi que poderia ajudar a trazer um pouco de sensatez à corrida armamentista, que representava um dos sistemas mais absurdos e fora de controle já criados pelo homem.

No limite

Minha jornada me conduziu a uma conclusão inevitável sobre o estado do mundo:

A humanidade está, ao mesmo tempo, no limiar de duas grandes mudanças: de um lado, estamos prestes a transpor um ponto em nossa escala evolutiva, além do qual o nosso futuro sofrerá alterações irreversíveis para pior; por outro, temos ao mesmo tempo a capacidade de superar essa tendência e de tomar impulso rumo a um novo nível de consciência. Cada uma dessas perspectivas representa uma escolha que devemos fazer como espécie. Podemos optar por continuar a fazer tudo do mesmo modo, deixar que essa situação cômoda prossiga, sem tomar nenhuma iniciativa — e assim vamos chegar ao destino que escolhemos. Essa escolha está fundamentada na resignação coletiva, na passividade, na irresponsabilidade e no ceticismo. No entanto, podemos fazer uma segunda opção — nos transformar de modo consciente e criar o futuro que almejamos. Essa escolha é fundamentada na ação, na responsabilidade e no otimismo sincero do espírito humano.

Assim como podemos temer a extinção da humanidade, e nos preocupar com o futuro que herdarão nossos filhos, netos e bisnetos, parece que tememos as transformações ainda mais, pois fingimos que elas *não* são uma opção.

Uma citação que melhor resume esse receio é um trecho do livro *A Return to Love*, de Marianne Williamson (e equivocadamente atribuído a Nelson Mandela). O trecho diz o seguinte:

> O nosso maior medo não é não ser bons o bastante. Nosso maior medo é ser fortes além da medida. É a nossa luz, não a nossa escuridão, que nos assusta. Nós nos perguntamos quem sou eu para ser brilhante, belo, talentoso e notável? Na verdade, quem você *não* é para ser assim? Você é filho de Deus.
>
> Sentir-se pequeno não ajuda o mundo em nada. Não há nada dignificante no ato de se diminuir para que os outros não se sintam mal à sua volta. Nascemos para manifestar a glória de Deus presente em nós. Ela não está apenas em alguns; está em todos. E, ao deixarmos a nossa própria luz brilhar, damos permissão inconsciente às outras pessoas para fazer o mesmo. Ao nos livrarmos do nosso próprio medo, a nossa presença liberta naturalmente os outros.

Fingir que somos fracos é uma atitude *conhecida*, até mesmo uma posição cômoda e, de certo modo, masoquista.

O fim da economia do cowboy

Há muito mais para falar quando expressamos preocupação com o excesso de população, de violência, de destruição dos recursos naturais etc. Conhecemos esse caminho — já estamos nele há alguns anos e estamos acostumados. Nós nos sentimos melhor vivendo dessa maneira, do mesmo modo que gostamos de usar sapatos velhos, embora estejam gastos e fora de moda. Optar por mudanças é completamente *estranho* (portanto, causa mal-estar). Por isso a transformação parece continuar no âmbito conceitual. Por quê? Porque optamos por não encará-la com seriedade. Fingimos que essa *não* é uma opção. Será que temos tanto medo de um nível completamente novo de consciência de massa e de autodescoberta? O desconhecido, apesar de prometer um futuro melhor, é tão assustador assim? Parece que é.

É tempo de pôr fim a essa farsa infantil e tomar uma posição em relação ao potencial do ser humano. Afinal, este está longe de ser o fim do caminho para a evolução da humanidade. Sem dúvida alguma, a providência divina quer que sejamos muito mais do que as pequenas máquinas de consumo em que nos tornamos até a fase atual da nossa evolução!

A *adolescência da humanidade*

De vários modos, a humanidade é como o adolescente moderno. Afinal, nós, seres humanos, somos um acréscimo relativamente recente ao processo de evolução do mundo. Tal como adolescentes problemáticos, resistimos à maturidade e nos sentimos divididos entre a infância conhecida (o modo como as coisas eram) e a maturidade desconhecida, mas inevitável.

Tal como os adolescentes, podemos amadurecer fisicamente, envelhecer enquanto espécie na Terra, mas, como muitas pessoas que chegaram à fase adulta fisicamente, não amadurecemos mentalmente. Envelhecer não significa ficar mais sábio. Todos temos exemplos claros disso em nossa vida — o homem de cinqüenta e poucos anos que ainda reage ao *stress* como um adolescente cheio de espinhas no rosto. "Crescer" não significa tornar-se adulto. Maturidade requer de cada um a responsabilidade pelo impacto que exerce sobre mundo — um estágio na evolução da humanidade que ainda não alcançamos nem tampouco aceitamos como espécie.

Assim como meninos e meninas na puberdade, nossa tendência é andar sempre com as mesmas "turmas", formar panelinhas — que chamamos de alianças políticas. Às vezes formamos gangues (embora as chamemos de exércitos) para nos defender de outras gangues. Desenvolvemos nossas próprias leis e regras, e as obedecemos com grande lealdade, de modo muito semelhante ao dos Hell's Angels ou das gangues dos guetos. Usamos drogas, álcool, sexo e outros agentes entorpecentes que possam adiar o amadurecimento, igual a um grupo de adolescentes numa noite de sexta-feira.

Se você criou filhos, provavelmente houve uma fase da adolescência deles que você se perguntava se iriam conseguir superar — se algum dia chegariam a assumir as responsabilidades da vida adulta, ou algo parecido. Era possível vê-los seguir dois destinos — tornar-se adultos de quem os pais pudessem se orgulhar ou tornar-se delinqüentes, que se revoltariam contra "o sistema".

Nesta Introdução da antologia de 1999 da World Future Society, intitulada *Frontiers of the 21st Century: Prelude to the New Millennium*, Howard Didsbury Jr. aborda a possibilidade da maturidade da espécie humana. Fundador do Programa para o Estudo do Futuro, sediado em Washington, ele afirma:

Dentro da vasta gama de opções dadas à raça humana, para o bem e para o mal, uma idéia pode tornar-se cada vez mais atraente e promissora. Com a chegada de um novo século — prelúdio para um novo milênio — pode tornar-se desejável e possível viver um "iluminismo" de toda a família humana, e deixar para trás todo o peso dos erros cometidos no passado histórico por todos os povos e alcançar a maturidade de perdoar crueldades mútuas do passado, injustiças e antagonismos, e ter a sensatez de esquecê-las.

O passado ficou para trás... O futuro é outra questão. É um leque de novas possibilidades.

Observo a política e os jogos que se travam nos saguões sagrados dos órgãos legisladores mundo afora e vejo os comportamentos mas imaturos. Sem dúvida, a política não saiu da adolescência.

A imaturidade das organizações

O consultor veterano de gerenciamento Larry Liberty desenvolveu um modelo para identificar o nível da maturidade do comportamento de executivos e gerentes nas empresas. Liberty, autor de *Leadership Wisdom*, trabalhou com centenas de empresas e quase cinqüenta mil supervisores, gerentes e executivos. Identificou adultos com alta e baixa produtividade, bem como adolescentes com alta e baixa produtividade, dentre os patamares de liderança na empresa. Obviamente, os aspectos de maturidade que ele aborda são comportamentais, e não cronológicos, tendo pouco que ver com a idade dessas pessoas. Liberty está escrevendo um livro sobre o assunto, um tópico que acho absolutamente fascinante. Embora pudesse ter adivinhado que havia mais adolescentes entre os executivos, fiquei muito surpreso ao ouvir a estimativa de Liberty segundo a qual o comportamento adulto, na liderança empresarial nos EUA, pode chegar a menos de quinze por cento, o que revela que a grande maioria dos executivos age como adolescentes!!

O ex-assistente do secretário-geral da ONU Robert Muller diz que é urgente a necessidade de nós, seres humanos, "abrirmos nosso coração e mente para a dimensão dos problemas..." Segundo ele:

> Não há sombra de dúvida de que os sistemas político e econômico atuais — se é que são sistemas de fato — já não são mais adequados e colocarão um fim na evolução da vida neste planeta. Portanto, devemos, de toda maneira, procurar novos caminhos com urgência. Quanto menos tempo perdermos, menor será a destruição das espécies e da natureza.

As palavras de Muller refletem os sentimentos de vários líderes mundiais preocupados com a questão e que reconhecem os perigos da atual crise mundial a ponto de defender "novos caminhos". Mesmo assim, de modo geral, as pessoas continuam fazendo negócios de maneira muito semelhante à que têm feito há várias décadas, atravessando alheias uma das maiores crises já enfrentadas pela humanidade.

A degradação gradativa e lenta pode passar despercebida, principalmente quando somos bombardeados por tantas distrações. Somos condicionados a reagir a várias ameaças *imediatas* à nossa sobrevivência, tais como as reações de lutar-ou-fugir presentes em todos os animais. Mas a mudança lenta e gradativa — ainda que seja pouco saudável, contrária à sobrevivência e uma ameaça à vida — pode passar despercebida e, desse modo, esgotar a força vital dos que estiverem distraídos ou dos complacentes.

Consciência planetária

Ervin Laszlo, escritor prolífero e organizador de mais de sessenta livros sobre sistemas sociais e evolução humana, fundou The Club of Budapest, em 1993. Para divulgar a necessidade de uma nova consciência — que ele chama de "consciência planetária" —, Laszlo atraiu uma lista impressionante de "membros honorários" para o clube — pessoas de destaque com as mesmas preocupações que ele. Desse grupo fazem parte pessoas que se espera encontrar nesse tipo de clube, como líderes espirituais como o Dalai Lama, o Arcebispo Desmond Tutu, entre outros. Mas também atraiu artistas famosos — músicos como o falecido Yehudi Menuhin e Jean Pierre Rampal, atores como Liv Ullman e Peter Ustinov, escritores como Arthur C. Clarke, e líderes políticos como Vaclav Havel e Mikhail Gorbachev. Esses líderes famosos e bem conhecidos dão credibilidade às idéias que Laszlo defende em seus escritos, promovendo e facilitando a propagação de uma consciência planetária — o principal objetivo do clube, como consta de seu manifesto.

Em seu livro de 1996, *Choice: Evolution or Extinction, A Thinking Person's Guide to Global Issues*, Laszlo afirma que:

> Dados seus perigos e oportunidades, a vida em grande transição acarreta responsabilidade. Se cultivarmos valores e crenças obsoletos, também prosseguiremos com comportamentos antiquados. Nossa própria insistência em manter antiquados modos de pensar e agir traz um resultado desolador.

> Somos chamados a sentir o chão romper sob o peso dos acontecimentos e perceber os rumos que estão tomando: perceber a tendência evolutiva que nos leva a fazer mudan-

ças sociais no nosso mundo. Somos chamados a criar uma forma nova e urgente de alfabetização — a alfabetização evolutiva.

Laszlo, um húngaro que vive na Itália, acredita que a maior esperança para desenvolvermos essa alfabetização evolutiva encontra-se na consciência planetária. Ele toma uma posição firme em relação ao futuro da humanidade, conforme afirma:

> Tudo isso gera uma ordem, mas uma ordem imperativa. Se fosse alcançada, o novo mundo não se desenvolveria como uma continuação do presente, nem se precipitaria rumo à falência global ou à ditadura global. Seria criado um sistema eficaz para a sobrevivência e o desenvolvimento de toda a família de povos e nações deste planeta.

Auto-realização

Tudo isso faz muito sentido se concordarmos com Abraham Maslow, conhecido como o pai da psicologia humanista e que também foi apontado, pela revista *Industry Week*, como uma das pessoas mais influentes no ramo da ciência do gerenciamento do século XX. Autor de vários livros, inclusive *Motivation and Personality*, Maslow criou a Hierarquia das Necessidades, que, desde então, tornou-se padrão para executivos, consultores e profissionais de recursos humanos do mundo todo. Em suma, ele afirma que as necessidades das pessoas continuam a aumentar à medida que cada nível de necessidade é satisfeito (como comida, abrigo, sexo, inclusão na sociedade, dentre outras), até chegar ao iluminismo do indivíduo, ou o que ele chama de "auto-realização".

CAPÍTULO DOIS

Uma questão
de escolha

Pela primeira vez na história da humanidade, é possível fazer uma escolha consciente com relação ao futuro. Somos agora capazes de participar da criação do futuro pondo fim à ilusão de que temos de continuar dormindo durante a próxima grande revolução do universo. Por que não acordamos? Por que não assumir um papel ativo nessa grande transformação social? Por que não parar de fingir que não podemos ou não somos capazes? O fato de nunca termos tentado não significa que não podemos alterar de modo consciente o curso da nossa evolução.

O futurista britânico Peter Russell escreve sobre uma "época" vindoura que substituirá a Era da Informação, num futuro bem próximo. Esse futuro inclui o reconhecimento explícito da consciência. Em seu livro *The Global Brain Awakens*, de 1995, ele descreve como um número cada vez maior de pessoas estarão empregadas em áreas que sustentam e facilitam o desenvolvimento da consciência humana, chegando a ultrapassar o número de pessoas trabalhando para a indústria da informação — um tipo de "indústria da consciência". Ele chama essa grande transformação do emprego de "Idade da Consciência" e estima que o ponto de transição ocorra nas primeiras três décadas deste século.

Ao descrever como o desenrolar dessa nova "era" pode ocorrer, Russell afirma que:

> ... a distância entre os países menos desenvolvidos está diminuindo em ritmo constante, e não deve demorar muito para que esses países entrem na Era da Informação, como aconteceu no Ocidente. Do mesmo modo, podemos esperar que eles ingressem na Era da Consciência com a mesma prontidão, o que faria com que o desenvolvimento da consciência pudesse muito bem tornar-se a principal atividade humana na maior parte do mundo, no próximo século.

> Na verdade, a transição poderia ocorrer de modo muito mais rápido do que isso. Primeiro, os que trabalham atualmente com o desenvolvimento pessoal o fazem no contexto de uma cultura predominantemente materialista, voltada para a aparência. Eles estão indo de encontro à inércia da velha consciência. Na mesma proporção que as pessoas alcançam níveis mais elevados de consciência, a inércia diminui, e, ao mesmo tempo, um impulso na direção contrária começa a tomar força. O efeito imediato pode ser a crença das pessoas de que é mais fácil progredir em sua jornada interior.

Russell oferece outra explicação para a possibilidade de uma taxa tão elevada de transformação em escala mundial:

> O segundo motivo pelo qual a transição poderia chegar muito mais rapidamente é que talvez não tenhamos de es-

perar até que a maioria da população anseie pela transformação da consciência para podermos sentir seus efeitos. Pode ser que um pequeno número de pessoas com níveis superiores de consciência exerça um efeito positivo desproporcionado sobre o resto da sociedade.

Esses esforços poderiam ser feitos se o nível de consciência de uma pessoa exercesse, de algum modo, um efeito direto sobre o de outra. Por mais estranha que essa idéia possa parecer, não é totalmente improvável; de fato, há indícios cada vez maiores de que isso aconteça o tempo todo.

É claro que essa Era da Consciência pode ter outros efeitos duradouros, tais como conferir legitimidade e credibilidade à noção de que nós, seres humanos, criamos a nossa realidade e de que a consciência seja causal. Essa "consciência da consciência" ocorrerá *com a nossa inteira participação*, quando acordarmos, estivermos abertos para ela, nos rodearmos dessa sabedoria, e assumirmos total responsabilidade por tudo o que criarmos. Isso significa o fim da farsa. Significa que vamos parar de fingir que não sabemos o que fazer.

Evolução consciente

Num discurso feito durante a Nona Assembléia Anual da World Future Society em Washington, em novembro de 1999, Barbara Marx Hubbard explicou como cada passo evolutivo na complexidade da estrutura social é seguido de uma crise na consciência humana. Hubbard, que faz parte da diretoria da World Future Society, ressaltou que suas observações se baseavam numa tendência de prazo consideravelmente longo — aproximadamente quinze milhões de anos — e acrescentou, em tom jocoso, que essa tendência poderia ganhar alguma credibilidade (o que arrancou uma risada da platéia). No seu livro *Conscious Evolution: Awakening the Power of Social Potential*, de 1998, Hubbard afirma que:

> Oculta no cerne do processo da nossa metamorfose, podemos ver uma disposição natural — um padrão evolutivo que nos guia rumo ao próximo estágio de transformação. Intuímos a existência da borboleta ainda invisível; no entanto, como nos transformamos nela? O que estamos procurando é uma visão de mundo que apele para a nossa ação criadora e canalize nossos imensos poderes na direção de propósitos evolucionários que valorizem a vida. Creio que essa visão de mundo inspiradora seja evolução consciente.

> A evolução consciente como visão de mundo começou a surgir na segunda metade do século XX, devido a capacidades científicas, sociais e tecnológicas que nos deram o poder de influenciar a evolução da vida na Terra. A evolução consciente... é fruto de toda a história humana e início do próximo estágio do desenvolvimento humano... A evolução consciente... anuncia o segundo grande evento na história do universo. Não estamos falando de alguma idéia menor, mas de um avanço na evolução da própria evolução.

Hubbard examina a co-criação como um aspecto dessa mudança evolutiva. Ela cita a capacidade nunca antes vista e que temos agora de escolher nosso próprio destino e de nos aliarmos à humanidade universal para termos o que ela chama de "sociedade co-criativa". Ela afirma:

> A sociedade co-criativa começa quando esse superorganismo... esse imenso poder coletivo da sociedade moderna é orientado de modo consciente e benevolente para a evolução da humanidade.

A sociedade co-criativa não pode ser imposta ou projetada. Seu desenvolvimento é cultivado aumentando-se as ligações e a coerência entre as ações que já eram vitais desde o princípio. Essa sociedade emerge quando superamos coletivamente a ilusão de separação que nos aparta uns dos outros, uma vez que os meios de que precisamos — a tecnologia, os recursos e o *know-how* — já estão presentes, em seus estágios iniciais, para a realização do nosso plano evolucionário.

A sociedade co-criativa pode parecer impraticável do ponto de vista histórico, mas sob a ótica da evolução suas perspectivas são animadoras.

Tensão criativa

Você já chegou a sentir que o que você queria estava tão longe da realidade que começou a desanimar? Consegue se lembrar das conversas que tinha consigo mesmo sobre diminuir seus sonhos ou desistir deles de vez? Bem, isso era a sua mente que não queria aliviar a tensão.

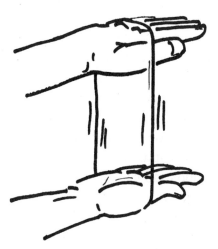

Robert Fritz, autor de *The Path of Least Resistance*, foi a primeira pessoa que eu soube que descreveu uma abordagem visionária da criação de uma nova realidade para o indivíduo. Ele chamava a lacuna entre o modo como as coisas são e como queremos que sejam de "tensão estrutural". Ele observou que essa tensão inclui um componente emocional, que ele chama de "tensão emocional", e que engloba medos que alimentamos sobre a nossa capacidade de concretizar o nosso sonho. Em muitos casos, ele argumenta, esse medo baseia-se numa crença íntima de desmerecimento e fraqueza. Uma vez que se busca o alívio dessa tensão, e o medo pode interferir no sonho que está se formando, a tensão é muitas vezes resolvida diminuindo-se esse sonho — ou o que se deseja —, diminuindo-se assim o medo.

A primeira vez que vi uma demonstração disso foi com duas mãos, uma acima da outra, com os dedos esticados, e presas por um elástico. A mão de cima representa o sonho, o modo como queremos que as coisas sejam, a realidade futura que desejamos. A mão de baixo representa a realidade atual, o modo como as coisas são agora. Conforme as mãos se afastam, aumenta o espaço entre o desejo de um futuro melhor e a realidade atual, aumentando a tensão do elástico. Por fim, as mãos ficam limitadas pelo elástico e é necessário um certo esforço para manter as duas mãos afastadas. O elástico esticado causa uma tensão que tende a juntar as mãos novamente.

Devido a essa tensão sobre as mãos e os braços, ao manter o afastamento, há uma tendência a aproximar as mãos e, desse modo, diminuir o incômodo. Do mesmo modo, as pessoas comumente diminuem suas expectativas com relação ao futuro, aos seus ideais e aos sonhos que cultivam para si e para aqueles que amam, por causa dessa tensão. Preferem não mantê-la. Supõem que a "realidade" não muda e, por isso, devem limitar suas idéias sobre o que é possível, a fim de diminuir a tensão. No modelo das duas mãos, essas pessoas abaixam a mão de cima. O mal-estar é aliviado, mas os sonhos são sacrificados.

Se alguém supõe, no entanto, que a realidade *pode* mudar, tolera a tensão, e não abre mão do seu sonho, a realidade começa a mudar. A mão de baixo começa a subir. A tensão tam-

Uma questão de escolha

bém é aliviada dessa forma, mas o ideal está mais próximo de tornar-se realidade. O "modo como as coisas são" se aproxima do "modo como queremos que sejam".

No livro de Peter Senge — *The Fifth Discipline* —, escrito em 1990, o modelo de Fritz tornou-se mais conhecido como "tensão criativa".

Visionários do mundo todo

De 1977 a 1980, na mesma época em que abrimos nossa empresa de negócios imobiliários, dei cursos diários sobre o estabelecimento de metas. Eu estava profundamente envolvido no movimento do potencial humano e me lembro de um ditado que diz o seguinte: Ou você tem o que quer ou tem os motivos por que não tem. Eu conhecia uma versão um pouco diferente desse ditado que dizia o seguinte: Ou você tem o que quer, está em busca do que quer, ou sabe os motivos por que não tem.

O princípio de qualquer dessas versões é que as racionalizações fazem com que as pessoas deixem de realizar seus sonhos! Muitas pessoas que participaram dos meus cursos tinham grande dificuldade para estabelecer qualquer objetivo para si, a menos que soubessem como o alcançariam. Isso impôs uma *grande* limitação à sua capacidade de se propor uma meta! O poder do sonho — do *ideal* — não exige que, antes de vislumbrá-lo, tracemos um plano de como concretizá-lo. No início, basta a visão.

Lembra-se do famoso ideal que John F. Kennedy revelou no início dos anos sessenta, de levar o homem à lua, sem saber ao certo "como"? Ele o revelou ao povo americano como uma visão e — pronto! Não somente chegamos lá, como chegamos antes do tempo previsto!

A conquista de um mundo melhor

Que tal a idéia de uma grande comunidade ou de toda uma área metropolitana conseguir algo que todos querem, a despeito dos céticos e descrentes? Grandes comunidades foram transformadas por vontade da coletividade, em que "milagres" aconteceram e os céticos mal puderam acreditar na proeza da comunidade. Projetos comunitários de revitalização de bairros e de áreas urbanas, em grandes cidades, têm sido rotina nos EUA e no resto do mundo. É uma simples questão de *intenção coletiva*, que leva à geração dos recursos necessários e do esforço necessário para realizar a transição. Mas todos esses projetos começam com a intenção e a crença na possibilidade de que podem ser feitos.

Agora, imagine um grupo maior, como *toda a sociedade*. Isso mesmo, *o mundo todo*. Toda a comunidade humana, inclusive os povos do mundo com toda a sua diversidade, podem se unir com a intenção coletiva de transcender as condições em que vive a maioria. Se soubermos nos livrar das justificativas que nos impedem de começar, podemos dar os primeiros passos em direção a um mundo sustentável, cheio de compaixão e que valorize a vida.

Os visionários precisam ser capazes de suportar essa tensão estrutural de que fala Fritz — a lacuna entre o estado atual das coisas e o que poderiam ser — apesar do desespero e da tristeza e de todas as outras emoções que se manifestam quando as coisas não "melhoram" de modo tão rápido quanto gostaríamos. As pessoas que não podem ou não querem sentir suas emoções e experimentar esses sentimentos "negativos" — os que não conseguem lidar com essa tensão — são as seguidoras, são as pessoas que vão embarcar no trem da "nova visão" somente quando parecer que há uma chance razoável de ela dar certo.

Lembre-se: podemos ter o que queremos, ou ter motivos para não ter. O que você prefere? O que você quer?

CAPÍTULO TRÊS

A criação de um futuro melhor

"**A** melhor maneira de prever o futuro é fazer o futuro." Essas palavras são de Peter Drucker, reconhecido mundialmente como veterano e pai da teoria da administração. Autor de algumas dezenas de livros, inclusive *Post-Capitalist Society*, *The New Society* e *The Future of Industrial Man*, Drucker é considerado há mais de cinqüenta anos como uma das pessoas mais influentes da comunidade empresarial. Portanto, se quisermos criar o nosso futuro, por que não criar o melhor futuro possível? Um futuro melhor fará com que os empresários enxerguem possibilidades, em vez de incertezas somente. Terão uma visão positiva do futuro em vez de ficar paralisados pela resignação e pelo ceticismo. Isso exige uma grande mudança no modo como percebemos o mundo — uma mudança de paradigma.

Viabilizar uma mudança desse porte, em que a legitimidade do paradigma existente seja questionada, e fazer com que um novo paradigma tome o seu lugar, é uma tarefa estimulante. Aprendi que não posso fazer isso sozinho (embora eu já tenha pensado o contrário). Mas posso ser uma das muitas pessoas que facilitam o processo — se existir possibilidade. E, neste momento, ela existe! Se a comunidade empresarial for capaz de vislumbrar a possibilidade de um mundo novo — uma nova realidade baseada em valores e prioridades muito diferentes —, ela mudará imediatamente a sua relação com a sociedade. Afinal, os seres humanos jamais criaram uma instituição que fosse capaz de mudar e se adaptar tão rapidamente quanto o empreendimento comercial — que está a postos vinte e quatro horas por dia para se adaptar às mudanças freqüentes e imprevisíveis de um mercado volúvel.

A revolução invisível

Pouco depois que percebi que havia uma consciência cada vez maior sobre essas questões na comunidade empresarial, forjei o termo "revolução invisível" para definir a sensação crescente de cansaço e insatisfação que se formava entre os trabalhadores das camadas populares. Eu tinha poucas provas dessa revolução, motivo pelo qual a chamei de "invisível". Mas pude percebê-la como fenômeno de crescimento rápido no ambiente de trabalho norte-americano e tinha fortes suspeitas de que isso também acontecia em outros países industrializados.

Lembro-me de um almoço no Clube da Bolsa de Valores, em San Francisco, com um alto executivo da Bechtel, uma das maiores construtoras de barragens, usinas hidrelétricas e outros projetos de proporções gigantescas. Foi no final de 1990. Conforme passamos a nos conhecer melhor, levei a conversa lentamente para um lado mais íntimo e pessoal. Tive o cuidado de não perguntar demais — afinal, assuntos como espiritualidade e consciência simplesmente não eram abordados na maior parte do universo empresarial. No final do almoço, con-

A criação de um futuro melhor

seguimos finalmente pronunciar a palavra espiritualidade, o termo "proibido" como ele a chamava — por jamais ser usado no trabalho, "onde simplesmente não se fala do assunto".

Muitos executivos sofrem uma influência significativa de suas mulheres. Isso não deveria ser motivo de grande surpresa porque nos EUA as mulheres compram a maior parte dos livros e se sentem muito mais à vontade do que os homens quando o assunto é a alma ou o coração. Além disso, as mulheres abriram mais negócios do que os homens na última década, o que tornou marcante a sua influência nesse setor. Mas, para um executivo, principalmente se for de meia-idade, uma conversa íntima com a mulher é algo muito diferente de se expressar sobre assuntos dessa natureza com os outros. E, visto que tantos homens valorizam o trabalho como fator de grande importância para a identidade pessoal, compreende-se por que a defendem tanto. Percebe-se por que são tão reservados em relação a assuntos íntimos, principalmente com colegas ou pessoas que identificam como parte da sua comunidade profissional.

Com o passar dos anos, percebi que aumentou a vontade entre colegas de trabalho de incluir esses tópicos nas conversas — isto é, desde que fossem em particular, entre duas pessoas. Também observei que a venda de livros sobre espiritualidade nos negócios começou a crescer a ponto de o guru da administração Tom Peters chamar a atenção para o fenômeno em uma das colunas que publicou em 1993. Imagino que essa tendência tenha ocorrido em parte por causa da crescente insatisfação com o *status quo* e às tendências à desumanização, mas acredito que outro fator tenha sido a vitalidade do espírito humano, que se recusa a ser silenciado.

Mas essa revolução ainda acontecia às ocultas, não fazia parte do discurso público e aberto. Ainda era invisível.

Isto é, até o fim do ano seguinte.

A conquista de um mundo melhor

O invisível torna-se visível

Em 1994, uma empresa de pesquisas sobre o consumidor radicada em San Francisco — a America LIVES — anunciou que havia descoberto uma subcultura relativamente nova nos EUA. Antes dessa descoberta, as principais subculturas do país eram as dos Tradicionalistas e a dos Modernistas. Nenhuma dessas duas perspectivas parecia oferecer alguma esperança para um futuro seguro. No entanto, parecia que uma nova subcultura de "reformistas culturais" surgira nos vinte e cinco anos anteriores, e já representava em torno de 24% dos adultos, ou mais de quarenta e quatro milhões de pessoas.

Fiquei pasmo! Finalmente havia um sinal de que a revolução tornava-se visível!

Desde então, o sociólogo e pesquisador Paul Ray escreve exaustivamente a respeito dessa nova terceira subcultura (às vezes mencionada como "cultura integral"), que não apóia os Tradicionalistas nem os Modernistas. Essas pessoas são muito mais abertas às abordagens psicológica, espiritual e holística dos problemas atuais. Num relatório de 1995 financiado pelo Fetzer Institute e pelo Institute of Noetic Sciences, Ray afirma que:

A imagem da Cultura Integral é exatamente o tipo de imagem que Fred Polack disse que a sociedade moderna não tem, e que seria necessária à sobrevivência. Em 1950, ele afirmou que o Ocidente não compõe nenhuma imagem do futuro, e que isso é um perigo. O Ocidente precisa de um movimento de revitalização cultural... mas que se diferencia em muito pelo fato de procurar novos meios de avançar rumo ao novo, em vez de voltar para um passado idealizado, ou restaurar "purismos" religiosos e étnicos do passado.

A criação de um futuro melhor

Uma geração atrás, os Reformistas Culturais eram poucos demais para serem quantificados, e seu número aumentou visivelmente para quase um quarto da população adulta.

As descobertas de Ray também incluem a proporção de mulheres com relação aos homens, nessa subcultura recém-descoberta. Não admira que os Reformistas Culturais do sexo feminino ultrapassem em número os do sexo masculino, na proporção de dois para um.

Ray resume suas descobertas com a seguinte afirmação:

Anime-se! A maioria de nós ignora que estamos viajando em meio a uma multidão de aliados: uma população de seres criativos, guardiões de mais idéias, valores e tendências positivos do que aqueles encontrados em qualquer período anterior ao Renascimento. E que podem ser mobilizados para agir com altruísmo em prol do futuro da humanidade.

Os Reformistas Culturais representam a crescente consciência das massas de que os modelos antigos não funcionam mais e devem ser abandonados ou significativamente modificados, se a humanidade quiser dar o próximo passo em sua evolução. Esse é o ponto crucial do próximo passo a ser dado pela humanidade — optar entre continuar inconscientemente a prosseguir para um futuro inevitável ou criar de modo consciente um futuro rico em possibilidades. Conforme Ray afirma:

Nas próximas duas décadas, o nosso mundo estará visivelmente melhor ou drasticamente pior. A única coisa que não pode acontecer é "tudo continuar do mesmo jeito". A maior parte das tendências do passado simplesmente não são sustentáveis. A era dos passos óbvios para o progresso acabou, e nos deparamos com a Grande Cisão. Poderíamos seguir dois rumos: O nosso futuro não foi predeterminado; estamos no auge da civilização.

Se pudermos chegar até essas pessoas que enxergam oportunidades maiores para si, para os negócios e para o resto da sociedade, a empresa e a sociedade em conjunto podem transformar o nosso futuro de contínua degradação num futuro cheio de esperança e oportunidades para todos.

Afinal, o futuro da humanidade não merece algum esforço? Não compensa sair das nossas zonas de segurança, individual ou coletivamente? Queremos mesmo deixar o futuro da humanidade por conta do acaso?

Procura-se uma nova mentalidade

Tentar conquistar um futuro melhor com a mesma mentalidade que nos trouxe até aqui é inútil. Enquanto insistirmos em manter a mesma postura — dominada pelo pensamento materialista, científico e linear —, jamais poderemos superar as condições em que nos encontramos.

Einstein nos mostrou, no início deste século, que nem tudo o que pode ser contado conta, e nem tudo o que conta pode ser contado.

É preciso ter um ponto de vista transcendente ou espiritual se quisermos fazer essa transição para uma nova era — uma "Era de Conscientização", como a define Russell. A boa notícia é que não é necessário fazer um grande esforço para chegar lá. O transcendente não precisa *substituir* a perspectiva científica ou reducionista.

O reducionismo argumenta que o físico é primordial; o transcendentalismo prioriza o espiritual. Mas não é necessário

A criação de um futuro melhor

que haja um *ou* outro. Ambos podem coexistir sem que um predomine *ou* seja mais importante em relação ao outro.

Contrário ao paradigma científico sustentado pela visão masculina, não é tão necessário o "fazer". É mais necessário "ser" do que "fazer". O que *é* necessário é a disposição de deixar que o Divino invada o nosso consciente — implicitamente *e* explicitamente.

O produtor de televisão Norman Lear falou do explícito e do implícito. Ele fez uma distinção entre ser *informado* e *estar consciente*, numa entrevista com o pioneiro no campo do potencial humano, Stewart Emery, no programa *Leadership in a New Era*, de 1994. Lear disse o seguinte a Emery:

> Vejo que não há diálogo que não aborde alguma questão acerca de um sentido maior e de todas as perguntas não-respondidas.
>
> Às vezes eu me pergunto se não é essa a principal causa do fato de haver tanta coisa errada na nossa sociedade. Podemos até ser o povo mais bem-informado da história, mas somos o que está menos consciente de si mesmo.

Houve outra ocasião em que opiniões mantidas em segredo tornaram-se públicas. Em 1996, a revista *Industry Week* me chamou para que eu fizesse uma entrevista para a série "On the Edge". Minha posição a respeito da relação entre a consciência e o mundo dos negócios me fez lembrar algo ao antigo editor-chefe da revista — Perry Pascarella —, que escreveria o artigo. A última pessoa apresentada nessa série foi Francis Fukuyama, autor de *The End of History*, o que me deixou um tanto lisonjeado por estar em companhia tão ilustre. A entrevista fluiu muito bem e eu estava ansioso para ver como o artigo seria publicado.

A conquista de um mundo melhor

Eu não sabia se os editores da revista cortariam muito do que Perry escrevera, principalmente as partes sobre consciência superior e espiritualidade. Afinal, eu defendia a consciência e a força superior numa revista cujos leitores eram, na maior parte, fabricantes e técnicos que tinham um envolvimento psicológico muito grande com a ciência e as máquinas. Eu estava curioso para saber se o título que colocariam no artigo teria um tom jocoso ou se o artigo seria no final da revista, onde poucos leitores o notariam. Estou nesse meio há poucos anos e vi que as equipes de editorial e de produção podem reduzir o impacto de uma história de muitas maneiras. Os jornalistas não são os únicos que podem interpretar e influenciar a repercussão de um artigo.

Para minha surpresa, a entrevista foi publicada numa matéria de quatro páginas, na íntegra, com uma foto em cores cobrindo uma página, citações corretas e uma edição razoavelmente boa, considerando-se a natureza radical do assunto.

O artigo foi intitulado "Projete um Futuro Melhor" e sua publicação garantiu enorme credibilidade ao meu ponto de vista. Não fiquei entusiasmado só por causa dos benefícios que isso trouxe à minha imagem e ao meu trabalho, mas também pela receptividade do mundo dos negócios a idéias de cunho tão esotérico.

A íntegra da entrevista publicada na *Industry Week* foi reproduzida no Apêndice deste livro. No entanto, eu gostaria de acrescentar uma parte escrita por Pascarella:

Para Renesch, a crise mundial é mais do que uma questão de preservação de recursos. Seu alvo, o comprometimento com o espírito humano, está muito além da preservação dos recursos materiais. "O espírito é centelha que nos mostra que estamos vivos. Quando o trabalho é significativo, quan-

A criação de um futuro melhor

do alguém faz seu trabalho com paixão, há uma sensação de vigor, sente-se a exuberância do espírito humano", diz Renesch.

Os ambientalistas lutam para restringir o consumo, mas Renesch luta para apressar uma mudança na consciência — uma transformação maior. "Há pessoas demais perdendo tempo pagando a hipoteca da casa, sentindo necessidade de se entorpecer de alguma forma — assistindo à televisão, afastando-se das pessoas, consumindo substâncias tóxicas — só para passar o tempo. O Sonho Americano foi muito distorcido", diz Renesch. "Tornou-se um sonho voltado para o consumidor. O Sonho Americano dos pais da nação tinha um embasamento espiritual muito sólido. Em algum momento, depois da Segunda Guerra, o Sonho Americano mudou."

Pascarella continua a entrevista, perguntando-me por que, a meu ver, o papel da comunidade empresarial é liderar essa transformação. Começando pela minha resposta, ele escreve:

"Creio que este país deva ser a fonte do renascimento de uma empresa responsável, porque somos os primeiros a enxergar o reverso do sonho", explica [Renesch]. Ele está convencido de que a empresa é o melhor ponto de partida para uma transformação desse gênero "porque ela exerce uma influência extraordinária sobre a sociedade. Com tanto controle sobre a vida das pessoas, é de se esperar — é uma espécie de lei natural — que a empresa tenha responsabilidade por essa transformação. No tempo de Adam Smith, no século XVIII, acreditava-se que havia uma sociedade moral. Acreditava-se que havia uma consciência atuante. Com o passar dos anos, já fizemos tanto em termos de legislação e do vigor da lei que evoluímos inconscientemente para um estado em que tudo é aceitável, a menos que seja ilegal. Portanto, já não há mais um código moral inerente ao indivíduo. A bússola da moral foi descartada, e explorar as brechas da lei tornou-se um jogo. Nossa consciência atrofiou".

O âncora de um jornal de televisão do canal Fox Network comentou há pouco tempo que "distorcer as regras é o jeitinho americano". Revelador.

Posso acrescentar que esse jogo de "se não for ilegal, não tem problema" contribuiu muito para fazer a empresa se concentrar na *forma* das coisas, agindo na forma da lei e dos regulamentos, em vez de se concentrar no *espírito* do certo e do errado — esse "saber natural", que nos diz o que é de fato justo e apropriado em qualquer circunstância.

À *maneira do Ocidente*

Nós, ocidentais, estamos sujeitos a várias tendências, algumas que funcionam a nosso favor, outras que funcionam contra nós. Uma delas é a nossa impaciência — o nosso desejo de encontrar respostas para os problemas o quanto antes. Aliada a essa impaciência está a nossa familiaridade com os domínios de forma e conteúdo — ou os reinos do físico e do mental. Essa familiaridade gerou certa fixação por esses reinos, contribuindo para a sua predominância nos negócios, na economia, bem como em outros setores da nossa vida.

Essa pseudofixação também contribui com a fascinação pelas provas científicas como a nossa medida principal do que é verdadeiro e do que não é. Em outras palavras, o que não

A criação de um futuro melhor

pode ser explicado, provado pela lógica, ou constatado pelos cinco sentidos, é, na melhor das hipóteses, considerado suspeito, e, na pior, ignorado.

Um exemplo de como o Ocidente passou a ter fixação pela forma pode ser visto na obra de W. Edwards Deming, hoje reconhecido como o homem que facilitou a incrível transformação da produção industrial no Japão. Os japoneses deixaram de ser conhecidos pelas "cópias baratas" que faziam dos produtos do Ocidente para se tornarem líderes mundiais na produção de alta qualidade. Antes de sua morte, há poucos anos, Deming finalmente foi reconhecido pelo trabalho inovador que realizou, ao mudar o padrão mundial da qualidade dos bens de consumo. Mas o caminho foi árduo. Deming só procurou os japoneses depois que suas idéias foram rejeitadas por industriais norte-americanos arrogantes e presunçosos.

Depois que os industriais dos EUA, principalmente os da indústria automobilística, perceberam que estavam perdendo um jogo que dominaram por tantas décadas, ficaram mais abertos a novas idéias sobre qualidade. Deming — o "filho pródigo" da parábola — começou a prestar serviços de consultoria em Detroit (ou Dearborn, para ser mais preciso) enquanto empresas em todos os EUA pegavam carona no trem da qualidade. Mas é aqui que os hábitos do Ocidente se evidenciam.

Em vez de investir tempo e disciplina para estudar o contexto ou o conteúdo das idéias que Deming defendia, os fabricantes dos EUA deram uma olhada rápida nas fábricas japonesas e voltaram para casa para implementar em curto prazo o que viram. "Círculos de Qualidade" surgiram em todo lugar. Meses depois, o movimento pela qualidade começou a avançar em direção às modas passageiras do tipo "o sabor do mês" e aos truques de administração em voga. Por fim, alguém en-

– 69 –

A conquista de um mundo melhor

tendeu que o trabalho de Deming fora muito além dos simples Círculos de Qualidade. Seu trabalho exigia mudanças nos pontos de vista dos fabricantes sobre as funções que desempenhavam. Seu trabalho tornava indispensáveis as mudanças no *contexto* do trabalho desses fabricantes, não simplesmente na *forma* desse trabalho.

Há um ditado moderno que resume essa visão estreita, essa busca incessante por soluções rápidas: "É como mudar a disposição das espreguiçadeiras no convés do Titanic."

Domínios da realidade

A tripulação do Titanic foi presunçosa em sua arrogância, acreditando que o navio jamais afundaria. Essa presunção fez com que se preocupassem com questões de menor importância e acreditassem na invencibilidade do navio. Esse episódio tem muita semelhança com os fabricantes de automóveis dos EUA, nos anos setenta. O "Jeito Ocidental" de lidar com a forma em vez do conteúdo tem suas limitações. E, para alguns que estão comprometidos com o "Jeito Americano", essa idéia é pura heresia.

Oriente e Ocidente têm muito o que ensinar um ao outro. Sem dúvida, os japoneses aprenderam muito com os irmãos e irmãs do Ocidente industrializado. O mesmo pode ser dito dos chineses e coreanos. Mas o que estamos aprendendo com os nossos irmãos e irmãs do Oriente?

O filósofo e consultor David Berenson desenvolveu uma matriz que diferencia quatro perspectivas distintas do que seja "real". Ele a chama de "Os Quatro Domínios da Realidade". O princípio da matriz de Berenson é mostrado abaixo:

Domínio 1	Domínio 2	Domínio 3	Domínio 4
Contexto	Processo	Forma	Conteúdo

A criação de um futuro melhor

Os dois primeiros domínios — Domínios 1 e 2, Contexto e Processo — são raramente reconhecidos no Ocidente, uma vez que são intangíveis e, portanto, menos "reais", conforme o consenso no mundo industrializado. Conforme mencionei acima, nós, ocidentais, tendemos a valorizar a Forma (Domínio 3) e o Conteúdo (Domínio 4), em detrimento dos dois primeiros domínios e, portanto, os vemos como mais "reais". Esse raciocínio é algo do tipo "se pode ser medido, analisado ou considerado, *então* existe". Claro que o corolário oposto também é válido: "Se não pode ser visto ou medido, *não* existe".

Os domínios de Forma e Conteúdo são o refúgio do empirismo. Eles se sustentam do mesmo modo que a planta, a idéia ou o projeto (Forma) podem levar à estrutura, produto ou evento final (Conteúdo).

Berenson menciona outros níveis em cada domínio, expandindo os seus sentidos. Desse modo, no domínio do Conteúdo (Domínio 4), também existe percepção, a realidade física e a sensação. Do mesmo modo, no domínio da Forma (Domínio 3), existem as atividades conceituais, mentais e cognitivas. Eis a íntegra da sua matriz:

Os quatro domínios da realidade
Direitos autorais pertencentes a David Berenson, 1999

1.	2.	3.	4.
Contexto	Processo	Forma	Conteúdo
Abstração	Experiência	Conceito	Percepção
Espiritualidade	Emoção	Mente	Físico
Intuição	Sentimento	Pensamento	Sensação

A mentalidade da sociedade industrializada do Ocidente é fundamentada no quarto domínio — o Conteúdo, ou domínio físico. Em outras palavras, há o que "é" (Domínio 4) e há o que pensamos sobre o que "é" (Domínio 3).

O Domínio 2, no qual os sentimentos, a emoção e a espiritualidade residem, é estranho para a maioria das pessoas do Ocidente. Também causa mal-estar à maioria das pessoas ocidentalizadas falar a respeito dele — principalmente para muitos homens que foram condicionados a negar ou reprimir seus sentimentos.

Na última década, notei um grande aumento na aceitação do processo em reuniões de negócios, em grande parte por influência das mulheres no local de trabalho. Em épocas anteriores, esse processo era visto como "perda de tempo" e ouviam-se coisas como "Vamos logo com isso!", sempre que algum processo estivesse em andamento. E, geralmente, esses apelos vinham dos homens. O Processo passou a ser mais aceito como uma parte importante do processo de captação de idéias, do processo criativo e da formação de equipes, mas isso só aconteceu depois que se venceram algumas barreiras impostas por empresários que insistiam em se ater aos resultados financeiros.

O domínio menos compreendido e mais desconhecido — o domínio do Contexto, que engloba o espiritual, o abstrato e o intuitivo — é, na verdade, o domínio generativo, a fonte de toda criatividade, de acordo com Berenson.

O Contexto gera o Processo, que se converte em Forma, que resulta em Conteúdo. Dito de outra forma, o abstrato gera a experiência, que resulta em conceitos, que conduzem à percepção. O espiritual gera emoções que estimulam a atividade mental, que se manifesta no reino físico. Nossa intuição gera sentimentos, que, por sua vez, invocam pensamentos que conduzem às sensações.

Portanto, é muito provável que o Ocidente tenha aplicado o Processo Criativo às avessas!

O consciente coletivo da atualidade ainda atua como se tudo partisse do plano físico — o domínio do Conteúdo — e fluísse da direita para a esquerda. Essa mudança no nosso modo de pensar poderia ser a "volta para casa" que disciplinas espirituais previram ao longo dos tempos — quando podemos nos manter firmes no domínio da espiritualidade, o que nos faz sentir bem no campo do abstrato e do imaterial, em vez de nos fazer sentir estáveis no mundo material e descartar tudo o que não for físico ou mental.

O modelo de Berenson demonstra ainda outra forma em que devemos pensar de modo diferente, se quisermos entrar em sintonia com o modo como o universo funciona hoje.

Momento decisivo

A humanidade encontra-se num "momento decisivo" em sua evolução. Chamo essa fase de "momento decisivo" porque trata-se de fato de uma questão de escolha, não importa o quanto acreditemos que a realidade simplesmente se imponha. Se negarmos que temos escolhas, nossa atitude lembrará a do adolescente que se recusa a assumir responsabilidade pelo que faz.

Lembro-me de uma conversa que tive com alguns colegas, numa reunião da World Business Academy (WBA), no final da década de oitenta, quando o termo "paradigma" estava muito em voga. As raízes da palavra estão ligadas às comunidades acadêmicas e científicas, e foram difundidas por Thomas Kuhn em seu livro *The Structure of Scientific Revolutions*.

Nossa discussão pairou em torno da idéia de que deveríamos encontrar um termo melhor do que "paradigma" porque os empresários jamais entenderiam o que significava nem o usariam ao expressar suas idéias. Era jargão, e como todo jargão, tendia a excluir as pessoas que não sabiam usar essa variante.

Bem, era o que pensávamos. Esse termo é hoje uma palavra comum no léxico da administração. Um dos companheiros da

WBA, Michael Ray, professor da Escola de Administração de Stanford, iniciou um curso intitulado "Os Negócios segundo o Novo Paradigma". Depois, organizou uma antologia para a WBA intitulada *O Novo Paradigma nos Negócios*. Conforme Ray afirma na introdução do livro, "o termo paradigma passou a significar as crenças fundamentais sobre a natureza do mundo..." Ele descreveu assim uma mudança de paradigma na ciência: "quando o velho conjunto de crenças perde a credibilidade, e um pequeno grupo de cientistas desenvolve um novo paradigma que todos reconhecem e aplicam, até que outra mudança pareça novamente necessária".

Uma visão interessante das mudanças de paradigma foi atribuída a um dos escritores mais prolíferos do mundo — Arthur C. Clarke. Autor de dezenas de livros, tanto de ficção quanto de não-ficção, sua obra inspirou o desenvolvimento dos satélites, em meados da década de quarenta! Seu livro *2001: Uma Odisséia no Espaço*, tornou-se um filme clássico dos tempos modernos, graças à colaboração que ele prestou a Stanley Kubrick. Clarke aborda o processo da mudança de paradigma quando diz que qualquer idéia revolucionária passa por três estágios de reação. A primeira reação diz que a idéia é impossível. No estágio seguinte, a idéia é vista como possível, mas não compensa ser colocada em prática. O estágio final é quando todos afirmam que consideravam a idéia boa desde o início.

Essa explicação simples mostra-se muito eficaz no dia-a-dia, tanto com respeito a questões simples quanto às mais complexas, como a Revolução Copérnica, ou o século necessário para que as pessoas entendessem que a Terra não era plana.

Consciência e realidade

No outono de 1999, Russell revelou uma das idéias mais recentes que teve a respeito da consciência e como a mesma não pode ser explicada pela ciência contemporânea. Em vez de tentar definir a consciência nos moldes do mundo material, ele diz que "deveríamos estar desenvolvendo uma nova visão de mundo em que a consciência fosse um componente fundamental da realidade". Ele diz ainda que os principais ingredientes dessa mudança de paradigma já foram acrescentados, de modo que não precisamos aguardar mais descobertas ou revelações.

A fim de promover o entendimento mútuo do termo, Russell define a consciência pela faculdade que ela tem, ou seja, sua capacidade de viver experiências interiores, independente de natureza ou grau. Ele oferece um exemplo maravilhoso para ilustrar sua definição; compara a consciência à luz que brilha em um projetor — luz pura, sem qualquer conteúdo ou imagem. Em seguida, ele descreve como as lembranças, os pensamentos, os sentimentos, as sensações, os sonhos e as percepções formam os conteúdos ou imagens, por meio dos quais a luz brilha para projetar imagens sobre a tela — imagens, formas e conteúdos para os quais voltamos nossa atenção.

"Todos sabemos que as imagens da tela são formadas por essa luz, mas geralmente não temos consciência da própria luz; nossa atenção se fixa nas imagens que aparecem e nas histórias que contam", afirma o autor. "Praticamente do mesmo modo, sabemos que estamos conscientes, mas geralmente estamos atentos apenas às várias experiências, pensamentos e sentimentos que surgem na mente. Raramente estamos atentos à própria consciência."

O conteúdo que surge na mente é a realidade de cada um.

Mudanças acontecem

A mudança de paradigma é algo difícil de explicar por meio da escrita ou da fala. Pode ser compreendida com mais facili-

A conquista de um mundo melhor

dade, pelo menos para os que têm mais facilidade de aprender com imagens, se observarmos os ciclos de desenvolvimento de dois paradigmas por meio de gráficos. Em sua origem, o paradigma surge de alguma confusão, um possível conflito ou de alguma heresia. Esse estágio de qualquer paradigma é bastante incerto, assim como o começo de um negócio, a consideração de uma nova idéia ou o primeiro estágio da gestação, a concepção. Uma vez estabelecido, o paradigma começa a crescer, por isso desenha-se a curva em ascendência conforme o passar do tempo. Esse estágio equivale à fase de cresci-

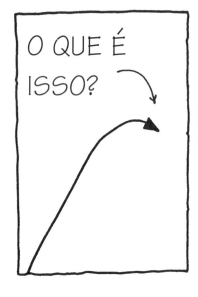

A criação de um futuro melhor

mento e expansão de um negócio, à aceitação de uma idéia ou ao nascimento do bebê e seu crescimento subseqüente.

Em algum ponto do percurso, depois de passado algum tempo no qual ocorreu um certo crescimento, o velho paradigma começa a perder impulso. Dando prosseguimento às minhas comparações, o negócio começa a perder vendas, a idéia passa a ser contestada ou o "bebê" envelhece e começa a perder a vitalidade. Alguém, em algum lugar, pode estar apenas começando algo novo ao mesmo tempo que o crescimento constante desse velho paradigma começa a diminuir, ficando cada vez mais lento. Assim, enquanto as vendas da empresa começam a cair (ou possivelmente até mesmo antes disso), outro empreendedor em algum lugar está abrindo um novo negócio. À medida que a idéia começa a perder credibilidade, outra idéia está sendo gerada que pode substituir a anterior, mais conhecida. Um novo bebê é concebido enquanto alguém mais velho começa a envelhecer e perder a vitalidade.

É por meio desses ciclos que a natureza trabalha. Assim como as árvores e os arbustos cujas folhas morrem e caem no outono e são substituídas por outras na primavera, vida e morte se manifestam simultaneamente no mesmo tempo e espaço.

Em seu livro *Breakpoint and Beyond: Mastering the Future Today*. George Land e Beth Jarman descrevem as três fases do crescimento. A primeira é o que chamam de "Exploração e Invenção do Padrão". A segunda fase é "Expansão e Aperfeiçoamento". A terceira é a "Integração do Novo e do Diferente" e inclui a geração de um outro ciclo, no qual o velho paradigma perde credibilidade e o novo ainda está sendo criado. Os autores fazem uma comparação brilhante com o funcionamento da Natureza. A respeito dessa terceira fase, eles afirmam que:

> Para continuar a crescer, o padrão original precisa ser interrompido, reformulado e depois reestruturado. A nova configuração tem de abranger elementos que foram rejeitados na segunda fase. Somente por meio da combinação do novo e do diferente com o que fora antes excluído é que a entidade em crescimento pode atingir seu pleno potencial.

No desenho acima, há uma lacuna ou depressão entre a linha que representa a queda do paradigma e a que representa o surgimento do novo paradigma. Nessa lacuna há uma grande incerteza. Uma árvore sem folhas, no inverno, pode parecer morta à primeira vista. Do mesmo modo, o velho paradigma está enfraquecendo e o novo ainda não conquistou credibilidade. Durante esse período, o estado das coisas fica caótico, enlouquecedor e confuso.

Passei a dar valor ao caos e à loucura por serem sinais de que as velhas crenças e tradições de fato já não nos servem e de que o nascimento do novo paradigma — que pode ser muito mais adequado para um futuro de [novas] possibilidades — esteja se aproximando.

É esta a época que estamos vivendo agora. Estamos presos nessa armadilha. O velho paradigma não nos serve mais e tentamos nos ater a ele — como se dele dependesse a nossa vida. E ainda não conseguimos enxergar algo que o substitua, porque o novo paradigma ainda não é "visível", ainda não se tornou conhecido nem conquistou ampla aceitação. As únicas pessoas com quem nos sentimos bem nessa situação são as que entendem esse processo e que estão trabalhando para tornar real esse novo paradigma.

Desse modo, quanto mais pessoas entenderem esse fenômeno, entenderem como o velho paradigma deve perecer para que o novo possa surgir, entenderem que devemos nos desapegar do velho para que possamos dar boas-vindas para o novo, mais rapidamente o novo paradigma ganhará aceitação, credibilidade e apoio. Realizar essa mudança de paradigma nos fará evoluir como espécie e passar para a próxima fase.

Essa troca de paradigmas — que está em progresso atualmente — nos distancia da mentalidade que tem sido estimulada pela nossa fixação pelas ciências exatas. Essa mentalidade nos vê como seres isolados, como as peças de uma máquina, partes individuais do mundo em primeiro lugar, e de um "todo" em segundo. Estamos adotando uma mentalidade que é a perspectiva contrária à qual estamos ligados — membros do todo em primeiro lugar e, em segundo, partes ou indivíduos. Essa mudança de perspectiva poderia ser resumida como uma transição das 'partes para o todo' para a perspectiva do 'todo para as partes', que reconhece de modo explícito a nossa inter-relação com todas as outras pessoas, com a Natureza e com Deus.

Leques de possibilidades

Em 1989, como uma prova de que mudanças de paradigma acontecem de fato nos tempos modernos, o Muro de Berlim caiu. Um acontecimento súbito e imprevisto. Não foi planejado. Nada em particular levou à sua queda. Chegara a hora de o muro cair, e ele caiu. Ninguém planejara a queda. Ninguém a previra. Os soldados da Alemanha Oriental que testemunharam a queda atônitos não dispararam suas armas como poderiam ter feito um ou dois dias antes. Um "leque de possibilidades" se abriu naquele dia, quando o apoio das massas à existência do Muro cessou, quando um grande número de pessoas deixou de admitir que o Muro de Berlim fosse parte efetiva da sua realidade.

Tudo isso era a consciência em ação. Um dia, predominava uma mentalidade que reforçava a velha realidade, sem deixar espaço para cogitar uma nova realidade. No dia seguinte, uma nova mentalidade, consensual e silenciosa, se manifestou, abarcando novas possibilidades e questionando por que a velha

A criação de um futuro melhor

realidade fora tolerada por tanto tempo. No imaginário de tantas pessoas, a velha realidade perdera todos os direitos de legitimidade e não era mais aceitável.

Tudo aconteceu em um "campo", como num campo magnético, em que um número suficiente de pessoas mudou seu modo de pensar e, pronto! A nova realidade deixou de existir; uma nova realidade tornou-se "fato".

É assim que muitas transformações acontecem. É assim que mudanças de paradigmas acontecem. Mudanças podem demorar — assim como foi preciso um século para que a opinião pública deixasse de acreditar que a Terra fosse plana. Mudanças também podem acontecer em horas, como o fim do Muro de Berlim, em minutos ou até em segundos.

O antigo revisor e articulista do periódico *Look*, George Leonard, é um pioneiro do movimento para o potencial humano. Na verdade, atribui-se a ele e ao fundador da Esalen, Michael Murphy, o nome dado ao movimento nos idos da década de sessenta. Ao salientar o potencial de todos nós, Leonard afirma que "cada um tem, e transcende, toda a forma de matéria que se uniu desde o início dos tempos... nossa principal capacidade criativa é, por motivos práticos, infinita".

Num artigo da edição de agosto-novembro de 1999 da revista do Institute of Noetic Sciences, Leonard fez a seguinte afirmação: "Estamos na vanguarda, com base no que sabemos, da jornada do universo em busca de aventuras e descobertas... Com uma herança e um potencial como esse, como pode alguém passar a vida preso a idéias e ações limitadas, aliadas ao consumismo desenfreado?"

Ele diz ainda que "ter consciência de um problema é o primeiro passo para resolvê-lo... Com base nessa consciência, é possível compreender que o simples fato de termos nascido nesse planeta raro e belo já é o equivalente a ganhar várias

– 81 –

loterias... que cada um de nós é um ser de valor incalculável, único em todo o universo, de algum modo unido à natureza, às estrelas e ao espírito divino; e que desperdiçar a vida que nos foi dada é a maior de todas as tragédias".

As palavras de Leonard incutem anseios maiores no homem, fazendo com que tenhamos uma visão mais ampla das possibilidades. Mudanças de paradigmas acontecem de fato. Então por que não conseguimos deixar que aconteçam, por que não lhes damos crédito e saímos em busca delas em vez de combatê-las e oferecer resistência? Em grande medida, fazemos isso porque não entendemos como será a nova realidade. Além disso, receamos o que não conhecemos. E estamos presos ao que acreditamos saber.

A nova liderança

Quando começarmos a compreender a nova realidade e a aprender a lidar com ela, haverá necessidade de uma nova forma de liderança. Não apenas a configuração das nossas lideranças vai mudar, mas o raciocínio dessas personalidades será muito diferente. O termo "formador de opinião" é uma expressão relativamente nova no nosso léxico, como as idéias que ganham cada vez mais importância nestes dias de ritmo mais acelerado, mais "ocupação" e competição crescente. A competição está aumentando, não somente por negócios, mas também por atenção e lealdade, visto que as pessoas estão sendo surpreendidas com a explosão de informações disponíveis. Os escritores ganharam maior destaque nessa nova safra de líderes e muitos deles são acadêmicos. Os filósofos também são vistos como formadores de opinião, uma vez que defendem prioridades, valores e princípios diferentes.

Um exemplo de um novo líder que vem à mente é o presidente da República Checa, Vaclav Havel, um homem que ga-

A criação de um futuro melhor

nhou destaque internacional quando assumiu o cargo, embora suas raízes estivessem sedimentadas nas artes, não na política ou no governo.

Pessoas que ocupam cargos tradicionais que associamos a líderes, como os políticos, o clero e mesmo os presidentes de grandes empresas parecem confiar nos formadores de opinião para conceber suas idéias, freqüentemente seguindo o pensamento desse ou daquele economista, filósofo, escritor ou professor.

Muitos desses formadores de opinião têm pregado uma "nova forma de liderança". No entanto, poucos deles pensam em substituir líderes antigos por líderes diferentes. Esse é o modo popular e convencional de ouvir essa expressão, baseado na história das revoluções ou golpes de Estado e eleições nas quais as pessoas no topo da hierarquia do poder são substituídas por outras que, espera-se, farão um trabalho melhor.

O tipo de liderança proposto por vários formadores de opinião da atualidade não é a mera substituição de pessoas, mas a mudança de mentalidade que predominou durante a Era Industrial e que chegou à era da Informação. Essa "velha" mentalidade ainda continua fortemente arraigada no pensamento da maioria dos líderes da atualidade, quer façam parte do governo, do sistema educacional, do mundo dos negócios ou das religiões.

Essa nova forma de liderança agrega uma perspectiva transcendental que traz uma visão sistêmica para solução dos problemas complexos da atualidade. Essa nova forma de liderança também inclui a responsabilidade pessoal, de modo que cada pessoa que vê uma medida corretiva a ser tomada assume essa responsabilidade. Cargos e títulos já não são os únicos pré-requisitos de um líder.

Em 1997, fui convidado para apresentar o discurso de abertura de um simpósio de comércio internacional na Hungria.

A conquista de um mundo melhor

Meus comentários foram depois publicados, no início de 1998, numa edição especial da revista britânica *World Futures*, sob o título "Líderes Novos para um Futuro Novo: A Nova Cosmologia dos Negócios".

Na minha palestra, contei à platéia, formada principalmente por húngaros que se empenhavam para descobrir como lidar com o capitalismo após duas gerações de socialismo imposto pelo regime soviético, que eu descobrira uma incrível oportunidade para eles em meio àquele enigma. Sugeri que poderiam tornar-se os criadores de uma "terceira via", inteiramente nova e que não fosse nem capitalismo nem socialismo. No entanto, seria necessária uma forma completamente diferente de liderança. Então perguntei: "Como podemos nos tornar novos líderes? Vamos observar nossas pressuposições — principalmente as pressuposições conscientes. Isso exige rigor, visto que descobrir o que não sabemos pode ser difícil compreender. Exige grande disposição e força para ver a própria nudez, por assim dizer.

Eis uma questão sobre as nossas pressuposições: o lucro é o objetivo de uma empresa? Muitos acreditam nisso. Um dos economistas dos EUA, Milton Friedman, ajudou a perpetuar essa crença na década de setenta. No entanto, como outro escritor americano, Waren Bennis, afirmou de modo tão eloqüente, "Acreditar que o objetivo da empresa seja fazer dinheiro é como dizer que o objetivo do corpo humano é fazer o sangue circular. O lucro é essencial, mas não é a única razão de existir de uma empresa. Há necessidades sociais a serem satisfeitas pela organização, em vez de ser esta um mero parasita no organismo da sociedade, vivendo e mantendo vivos seus proprietários à custa do hospedeiro".

O hábito de se abdicar das responsabilidades termina com essa nova liderança. Os pais já não transferem a responsabili-

A criação de um futuro melhor

dade pela educação dos filhos para o sistema educacional. Os cidadãos não transferem mais a responsabilidade pelas suas comunidades para as autoridades eleitas ou funcionários do governo. Eles assumem suas devidas funções como empregadores desses servidores públicos. As pessoas não transferem a responsabilidade pela própria saúde ao sistema de saúde pública, que em muitos casos degenerou, acabando por tratar simplesmente de sintomas em vez de garantir uma boa saúde.

Esse hábito de se abdicar da responsabilidade surgiu do fascínio da sociedade do século XX pela delegação, mais um produto da Era Industrial, à medida que lutávamos para tornar nossos sistemas mais eficazes. Mas, como percebem alguns empresários, delegar não é o mesmo que abdicar-se. O ato de delegar requer um interesse contínuo, acompanhado da capacidade de intervir sempre que houver o menor sinal de que não se alcançará o resultado desejado. Isso é que é verdadeira responsabilidade — ou a capacidade de reagir de modo adequado. Muitos pais das sociedades industrializadas se esquecem da responsabilidade pela educação dos filhos, e abdicam dela. A educação dos filhos passou a ser responsabilidade dos professores e do sistema educacional. Vários cidadãos puseram essa tarefa nas mãos do governo e se esqueceram dela.

Como resultado da abdicação das responsabilidades, os cidadãos começaram a culpar as pessoas e os sistemas que deveriam educar as crianças e tomar conta do governo. Apontar falhas e procurar erros tomou o lugar de assumir responsabilidades pelas escolhas feitas por pais e cidadãos.

Os novos líderes que são necessários para essa próxima mudança evolutiva formam um grupo de cidadãos responsáveis, pais responsáveis e consumidores responsáveis, em vez de uma sociedade que abdica das suas responsabilidades. Essas pessoas terão uma grande consciência de si mesmas depois

A conquista de um mundo melhor

de examinar os aspectos de si próprias que antes eram inconscientes, e serão pessoas conscientes, em contato com a própria força interior.

A força de tomar partido

Certa vez me disseram que nada de significativo acontece até que alguém tome partido. Sei que a minha vida mudou drasticamente num dia de 1985, quando tomei partido numa questão pessoal na qual eu também estava envolvido. Tive de encontrar um modo de manter a cabeça erguida para conseguir manter o respeito por mim mesmo, depois de muitos anos de ciclos repetidos, em que acabei cedendo para agradar aos outros.

Na minha vida profissional, principalmente no meu trabalho sobre a nova liderança — o tipo de liderança transformadora que mencionei— aprendi que todos os líderes verdadeiros encontram seu "lugar no mundo" e defendem o seu papel, as suas responsabilidades e as suas escolhas.

Uma das pessoas que mais admiro é uma mulher chamada Lynne Twist. Lynne é um exemplo vivo de alguém que tomou uma posição clara na vida. Executiva, e fundadora do "Projeto contra a Fome", ela atua em várias comissões, inclusive do Institute of Noetic Sciences, do Fetzer Institute do fórum State of the World —, um evento anual criado pela Fundação Gorbachev em 1995. Num artigo de 1999 para a *Yes! A Journal of Positive Futures*, ela faz a seguinte afirmação sobre a força de tomar partido:

Há mais de dois mil anos, o matemático Arquimedes disse o seguinte: "Dê-me uma causa para defender, e eu moverei o mundo." Tomar partido é uma forma de viver e de ser que mexe com algo no íntimo do indivíduo que está no cerne de quem ele é de fato. Ao tomar partido, você encontra o seu lugar no universo e torna-se capaz de mover o mundo.

Uma afirmação muito séria! É necessário algum tempo para se acostumar à idéia.

Lynne diz ainda que "as pessoas que tomam partido viveram em todas as épocas da história. Muitas delas nunca ocuparam cargos públicos, mas mudaram a história por meio do próprio poder, da integridade e da autenticidade que passaram a ter como resultado do partido que tomaram... Quando você toma partido na vida, passa a enxergar o mundo como a possibilidade notável, ilimitada e infinita que de fato ele é. E as pessoas se vêem refletidas nos seus olhos de outra maneira; tornam-se mais autênticas na sua presença porque sabem que você as vê como elas são de fato".

Ela cita Buckminster Fuller, que disse uma vez: "É sempre bonito descobrir a verdade; bonito para todos, sem exceção." O mesmo pode ser dito sobre tomar partido.

Lynne faz uma distinção — a diferença entre tomar uma posição e tomar partido. Ela explica que:

Tomar uma *posição* não cria uma atmosfera de inclusão e tolerância; em vez disso, cria níveis ainda maiores de entrincheiramento, geralmente insistindo na idéia de que, para que eu esteja certo, você tem de estar errado.

O fato de tomarmos *partido* não impede que tomemos uma posição. É necessário tomar uma posição, de vez em quando, para que as coisas sejam feitas e para que algo seja esclarecido. Mas, quando tomamos partido, inspiramos a todos. Elevamos a qualidade do diálogo e promovemos a integridade, a união e uma confiança profunda.

A conquista de um mundo melhor

Lynne resume a grande força que vem à tona quando se toma partido, e que pode "moldar a vida e as ações de uma pessoa e dar acesso a verdades profundas, capazes de viabilizar o surgimento de novos paradigmas e uma mudança no curso da história".

Uma mudança no curso da história! Imagine só o poder que temos de influenciar os rumos que o mundo toma com o simples ato de defender a visão que temos dele.

CAPÍTULO QUATRO

O papel dos negócios

Se fosse possível comparar a sociedade atual a um trem, os negócios seriam comparados à locomotiva que puxa o comboio sobre os trilhos. Se a comunidade empresarial pudesse ser comparada à locomotiva, a economia poderia ser metaforicamente igualada ao combustível usado pela locomotiva para puxar o trem. Essa é a força que os sistemas econômicos da atualidade ganharam, principalmente o capitalismo, nesta época atribulada.

Visto que a maioria das instituições influentes do mundo são empreendimentos comerciais ligados à indústria, e que o resto dos países em desenvolvimento luta para competir com elas, o comércio do mundo ocidental é hoje o verdadeiro líder de toda a sociedade globalizada. A empresa moderna influencia atualmente bilhões de pessoas, afetando seus valores e prioridades. No Ocidente esse fenômeno recebe o nome de "progresso", e as pessoas em todo o mundo estão se organizando para "alcançar" esse padrão. Embora esteja envolta na aura popular do progresso, essa influência é traiçoeira.

Com tamanho poder de influenciar, vem a responsabilidade. O comando é um dos ossos desse ofício.

Responsabilidade social

Ex-líder da ONU, Muller afirma que "dado que a empresa foi a primeira em todo o mundo a se globalizar, em proporção muito maior que os governos, e visto que atualmente as empresas mandam no mundo em todos os aspectos, devemos dar a ela a oportunidade de assumir (ou mesmo exigir que assuma) todas as devidas responsabilidades pelo futuro de toda a humanidade, de todas as espécies vivas e de todo o mundo, além de provar a todos nós a validade do argumento que usam: o de que o mercado livre tudo resolve".

As empresas que não assumem a responsabilidade pelo impacto que causam no mundo — não apenas nas comunidades onde se estabelecem ou nos países onde estão sediadas — estão fomentando a primeira alternativa, o futuro resignado, de forma intensa. Estas contam com a continuidade do *status quo*, com consumidores ainda adormecidos.

Os líderes empresariais que não podem ou não querem avaliar a responsabilidade que têm de comandar podem descobrir que, conforme as pessoas se tornam mais esclarecidas, com um padrão de compra mais pautado no discernimento do que na obsessão, e com um estilo de vida mais holístico e menos egocêntrico, o mercado tende a mudar drasticamente. À medida que a sociedade global percebe, gradativamente, que há uma segunda opção e que um futuro de novas possibilidades pode ser criado, o perfil dos consumidores pode mudar para sempre. Quando a humanidade decidir acordar e defender essa transformação social com unhas e dentes, essas empresas inflexíveis se verão no mesmo apuro por qual passaram os dinossauros, deparando-se com a extinção num mundo que já não os acolhe mais.

Conforme escrevi no artigo de 1998 para a *World Futures*:

> Cada vez mais empresários de visão estão percebendo que a lua-de-mel com a Era Industrial chegou ao fim. As últimas centenas de anos foram uma jornada bastante considerável, mas esses empresários mais ponderados estão começando a calcular o preço que o mundo está pagando pela industrialização, impelido principalmente pelo Ocidente. É como se a festa estivesse excelente, mas a bebida acabou e estamos começando a sofrer as conseqüências. Como uma espécie de "ressaca" que acompanha o excesso de indulgência.

Com o passar dos anos, entrevistei mais ou menos oitenta líderes de todo o mundo e editei centenas de ensaios, escritos por alguns dos maiores pensadores do mundo. Todos concordam em dois pontos:

1. Os métodos antigos não funcionam mais.

2. Mesmo que funcionassem, falta algo basicamente humano há algum tempo.

Minha visão de um futuro melhor não está de modo algum em desacordo com um clima de negócios vibrante e saudável. Minha visão não prevê o abandono da tarefa que a empresa tem de fornecer produtos inovadores e necessários para um mercado livre. Tampouco propõe a transformação da empresa em obra de caridade. *Consiste* na transformação da empresa numa verdadeira parceira do resto da sociedade, na criação de um mundo mais solidário e estável para todos.

No livro em que publicaram em 1999, *The Long Boom*, Peter Schwartz, Peter Leyden e Joel Hyatt propõem uma oportuni-

A conquista de um mundo melhor

dade para todas as pessoas do mundo. Schwartz, um pioneiro do planejamento que, depois de trabalhar para a Shell, fundou uma força-tarefa na Califórnia (o Global Business Network) e Leyden, antigo editor da revista *Wired*, e Hyatt, professor de administração de empresas da Escola de Administração de Stanford, uniram-se para defender essa opção de que o mundo tem de criar um futuro melhor. Eles estão convencidos a respeito do fator escolha — enfatizam que a "grande explosão", a que se refere o título do livro, não é inevitável. Eles firmam que:

> Nenhuma outra época ofereceu tantos recursos ou conhecimento para fazer o que somos capazes de fazer hoje (...). Essa não é uma simples oportunidade. Somente em poucas ocasiões, na vasta extensão da história, encontra-se uma oportunidade como a que se apresenta a nós neste momento.

> A grande explosão não é uma previsão (...). Serve para inspirar as pessoas com uma visão do possível (...). Temos uma oportunidade histórica que, se for aproveitada, pode trazer benefícios inéditos, mas devemos acordar para os fatos e tomar uma atitude. Devemos optar por engendrar um futuro melhor. Ele não virá sem a nossa participação.

Nesse aspecto, concordo com Schwartz e seus colegas, principalmente quanto à necessidade de uma escolha aqui e agora e quanto à verdadeira possibilidade de um futuro melhor. No entanto, discordo do processo adotado para conseguir esse resultado. Eles acreditam que somos capazes de alcançar esse futuro melhor por meio do crescimento tecnológico e econômico, mas não mencionam a mudança de consciência que eu acredito ser essencial para conquistar o futuro melhor. Não tenho tanta fé na "fórmula da grande explosão".

O legado de Harman

Willis Harman faleceu há poucos anos, mas muitos de nós que o conheceram continuam a agir sob a sua influência e inspiração — uma parte do seu legado. Antes de partir, ele escreveu vários livros, dentre os quais destaca-se *Global Mind Change*, publicado originalmente em 1988. Nesse livro — o meu preferido —, ele descreve o incrível potencial da empresa para concretizar essa transformação. Ele afirma que:

Se há algo de verdadeiro na proposição de que uma transformação fundamental já está em curso, deveríamos ver seus sinais na comunidade empresarial. A propósito, as empresas permeiam toda a sociedade moderna e refletem qualquer mudança importante em qualquer uma de suas partes. Além disso, elas transformam em negócio próprio a sensibilidade às mudanças em seu ambiente, bem como a resposta imediata a essas mudanças. A empresa moderna é provavelmente a instituição mais adaptável já criada pela humanidade.

Os líderes do comércio internacional são os primeiros e mais autênticos cidadãos do mundo. Eles têm a capacidade e a responsabilidade de atuar no mundo todo; seus domínios transcendem as fronteiras nacionais. Suas decisões afetam não somente as economias, mas também as sociedades; não apenas as questões diretamente ligadas aos negócios, mas também problemas mundiais, como a pobreza, o meio ambiente e a segurança. Até agora, não surgiu uma ética de liderança adequada. Embora esses executivos e as suas organizações façam parte de uma rede econômica de alcance mundial, que conduz todo o planeta a um destino comum, não há nesse sistema a tradição ou institucionalização de uma filosofia capaz de controlar com prudência a força que lhe dá forma.

As atividades econômicas do sistema que rege o mundo dos negócios são um fator de influência no macroproblema mundial. Mas, para usar a mesma imagem, o comércio mundial será uma peça-chave na solução final do macroproblema. Ele cruza fronteiras nacionais com muito mais facilidade do que as instituições políticas, e a empresa é uma organização muito mais flexível e adaptável do que as estruturas burocráticas dos governos e das instituições do setor público.

Em outras palavras, podemos propor um futuro possível muito diferente com um jogo que nada se assemelha ao que estamos acostumados a jogar.

Sou um homem que participou de um jogo durante muitos anos, e que depois percebeu que havia um outro muito melhor. Tive de deixar de lado a minha imagem de cowboy empreendedor, mas o jogo em que estou agora é como um jogo de seleção. É preciso ter mais habilidade, mais consciência, e os riscos são muito maiores.

A nova economia

O sistema econômico que sustenta as empresas fomentou a atual crise global; transformar esse sistema é necessário para tirarmos proveito da oportunidade que ora se apresenta. Os dois sistemas econômicos prevalecentes no último século foram o capitalismo e o comunismo/socialismo, ou a chamada economia de mercado livre e a economia centralizada, planejada. Ambas baseiam-se no materialismo. Uma — o socialismo — parece ter fracassado, e a outra — o capitalismo — parece não corresponder aos anseios da maioria da população

O papel dos negócios

mundial e necessita de algumas mudanças ou transformações sérias.

Em 1993, o livro de Deming, *The New Economics*, foi publicado pouco antes do seu falecimento. Nessa obra, ele ressalta a necessidade de uma liderança para realizar as transformações na empresa, se se quiser que a mesma "atenda de modo satisfatório às infinitas mudanças que agitam o mundo". Ele acrescenta que "a transformação da empresa com um novo estilo de administração é necessária. O caminho a seguir é o que chamo de conhecimento profundo — conhecimento para liderar a transformação. A transformação não é automática. Deve ser aprendida; deve ser conduzida".

Harman tinha uma visão melhorada da economia, o "combustível" que o comércio usa para funcionar todos os dias. No livro *Global Mind Change*, o autor avalia a separatividade resultante da grande ênfase colocada na visão de mundo científica e anseia por uma sociedade mais unida. Ele afirma que "com o surgimento do capitalismo, a economia separou-se da sociedade e sobrepôs-se a ela. Uma visão que veio a ser chamada de 'ecologia plena' ultrapassa os limites da visão científica atual e chega a uma consciência da unicidade de toda forma de vida, a interdependência de suas manifestações múltiplas e sua tendência inevitável à evolução e à transformação".

Em seguida, o autor aborda o aspecto espiritual dessa transformação e afirma que "hoje há sinais múltiplos de uma nova espiritualização da sociedade ocidental, com ênfase na auto-realização, no sentido transcendental, e no crescimento interior que leva à sabedoria e à compaixão... Uma das mudanças mais surpreendentes das duas últimas décadas foi o quanto as pessoas acordaram e sentiram-se fortalecidas para assumir a responsabilidade por suas próprias vidas e por mudar a sociedade conforme a necessidade. Isso aconteceu tanto nos países em desenvolvimento quanto nos países industrializados".

Mencionei esse fenômeno da "re-espiritualização" no capítulo que escrevi para a antologia *The New Bottom Line: Bringing Heart & Soul to Business*, de 1998. O meu capítulo foi intitulado "Espírito e Trabalho: Consciência e Negócios Podem Coexistir?". Nele, eu afirmo que:

> Grande parte desse fenômeno pode ser atribuída à reação à influência sufocante da Era Industrial, que resultou no pensamento mecanicista e reducionista que domina o Ocidente (e parte do Oriente), há mais de um século. Passamos a acreditar que o todo é a soma das partes, que o valor reside na exterioridade, que a racionalidade e a mente são as maiores "justificativas das nossas ações".
>
> Esse tipo de pensamento tem sido válido para os avanços tecnológicos e para gerar riquezas para um número relativamente pequeno de pessoas, mas não fez muito para manter o espírito de comunidade entre as pessoas, para desenvolver estilos de vida estáveis que garantam que o meio ambiente continue a nos manter, ou para enriquecer a vida espiritual, o nosso senso intrínseco de identidade individual.

Felizmente, há um movimento nesse sentido, na comunidade empresarial — um movimento que ainda é, em grande parte, invisível. É uma revolução que se encontra nos estágios iniciais, como a "revolução invisível" que mencionei anteriormente, e que ainda não se tornou óbvia. Uma pequena mostra desse movimento é o número de livros publicados nos últimos anos que abordam os valores espirituais e a espiritualidade nos negócios.

O papel dos negócios

Renascimento espiritual nos negócios

Quando *The New Bottom Line* estava sendo preparado para a publicação, recebemos alguns comentários em apoio à publicação, inclusive de Stephen Covey, autor do grande sucesso *7 Habits of Highly Effective People* e de todos os que o seguiram. Em seu comentário, Covey afirmou que "esta antologia revela de modo eficaz um renascimento espiritual que está acontecendo no mundo dos negócios..."

Até mesmo Peter Drucker, autor de vários livros sobre negócios e considerado por muitos o pai da teoria da administração, aborda a necessidade que temos de reconhecer abertamente a nossa espiritualidade. Ele afirma que "o homem não é apenas um ser biológico e psicológico, mas também um ser espiritual..."

Esse renascimento espiritual incluiu vários livros progressistas sobre negócios na última década. O aumento da popularidade dessas obras provoca uma reação do consultor Tom Peters, em 1994. Peters vê muita semelhança entre religião e espiritualidade e, portanto, argumenta contra a existência de um lugar para a espiritualidade no local de trabalho. Um "fanático da Primeira Emenda" por sua própria definição, Peters confunde essas duas palavras como tantos fazem na nossa sociedade. Portanto, peço licença para fazer a distinção entre as duas.

Espiritualidade versus *religião*

Um dos temas mais debatidos entre os proponentes dessas transformações é a distinção entre espiritualidade e religião. Muitos se esquivam de qualquer menção ao primeiro termo por causa das experiências com a religião durante a infância.

Mas a confusão certamente não se limita aos que saíram feridos ou desiludidos no passado. Portanto, a questão ainda é muito confusa, mesmo entre os mais experientes.

A *Espiritualidade* serve de contexto para a inter-relação entre as partes de nós mesmos que não são especificamente materiais ou físicas. Ela é amorfa. Não encerra nenhum conteúdo ou dogma específico. Ela viabiliza uma relação direta com o Divino por meio da experiência individual.

A *Religião* baseia-se em formas ou conceitos específicos nos quais encontra-se a espiritualidade. Encerra crenças, regras, estruturas e, muitas vezes, tradições. Ela assume várias formas, geralmente baseadas nos ensinamentos de um ser iluminado, como um profeta ou alguém que se acredita ter uma relação muito especial com o Divino.

Religião e espiritualidade existem em dois campos distintos — às vezes, separados; outras vezes, sobrepostos — um dos motivos pelos quais as pessoas têm tanta dificuldade de discuti-los ao mesmo tempo. A espiritualidade é abstrata, pessoal e empírica. A religião, por sua vez, tem uma forma específica, é objetiva e tem um conteúdo definido. Berenson diz que "as religiões são formas cujo propósito ou objetivo é atingir o estado espiritual".

O Dalai Lama explica a diferença entre religião e espiritualidade no seu livro *Ethics for a New Millenium*. Ele define religião como "reivindicações para a salvação de uma ou outra fé". Ele afirma que a espiritualidade é expressa por meio de certas "qualidades do espírito humano — tais como o amor e a compaixão, a paciência, a tolerância, o perdão, a alegria, o senso de responsabilidade e de harmonia".

Mais adiante, ele afirma que "a religião é algo que talvez não nos faça falta. O que nos faz falta são essas qualidades espirituais básicas".

Interface, Inc.

Outro exemplo desse renascimento espiritual na empresa é o de Ray Anderson, fundador e presidente da fábrica de carpetes Interface, Inc., que vale um bilhão de dólares. Anderson viveu o que chama de "epifania", depois de ter lido um livro de Paul Hawken, *The Ecology of Commerce*. Hawken, também empresário e co-fundador da Smith-Hawken, varejista de ferramentas para jardinagem, também escreveu um livro que tornou-se uma série popular do canal de televisão PBS chamada "Growing a Business".

Quando entrevistei Anderson para um artigo da *The New Leaders*, em 1996, soube o quanto a indústria de carpetes depende de produtos químicos à base de petróleo. Como resultado dessa epifania, Anderson decidiu tornar sua empresa mais segura dentro de um prazo bastante curto, depois de reconhecer o impacto que ela exercia sobre o planeta. Por conseguinte, escreveu um livro intitulado *Mid-Course Correction: Toward A Sustainable Enterprise: The Interface Model*. Nele, o autor afirma:

> A tecnologia usada na minha empresa, bem como os recursos tecnológicos usados em qualquer outra empresa de que eu tenha conhecimento, na forma em que se apresentam atualmente, estão assolando o planeta. Isso não pode continuar.
>
> No entanto, alguém me acusa? Não! Ninguém senão eu mesmo. Eu condeno a mim mesmo, eu, somente eu e ninguém mais, como destruidor do planeta. Mas *não* pela definição da nossa civilização: sou capitão de indústria. Aos olhos de muitas pessoas, sou uma espécie de herói dos tempos modernos, um empreendedor que fundou uma empresa que dá emprego para sete mil pessoas, muitas das quais

sustentam seus cônjuges e, no total, mais de doze mil filhos — somando aproximadamente vinte e cinco mil pessoas. Pessoas que dependem dessas fábricas que consomem matérias-primas! De qualquer maneira, a Interface não pagou por cada quilo de matéria-prima que comprou e processou? Não é o mercado que manda?

Em seguida, Anderson mostra como, na prática, os contribuintes pagam os custos da proteção militar ao petróleo do Oriente Médio, das alterações climáticas nocivas em virtude do aquecimento da atmosfera, e dos gastos médicos causados pela emissão de material tóxico. E acrescenta:

Vê como o sistema de mercado reverenciado na primeira revolução industrial faz com que empresas como a minha repassem esses custos para outros, *alienem* esses custos, até mesmo para as gerações futuras?

Em outras palavras, o mercado, quando atribuiu preços ao valor da troca sem levar em conta o custo ou valor de uso, é, no mínimo, oportunista e permissivo, se não desonesto. O mercado permite a alienação de qualquer custo que um público desatento, despreocupado ou ingênuo com relação ao consumo permita que seja alienado — *caveat emptor* de um modo perverso. Meu Deus! Será que também sou ladrão?

Sou! Pela definição que eu acredito que será usada na *próxima revolução industrial* [uma expressão criada por Hawken e pelo arquiteto Bill McDonough]...

A franqueza explícita e inovadora de Anderson mostra que os executivos têm consciência do impacto negativo que exercem e são capazes de reconhecê-lo quando voltam a atenção

O papel dos negócios

para a realidade. No caso de Anderson, só foi preciso ler um livro.

Um olhar mais atento para o capitalismo

Hawken foi convidado para uma entrevista sobre o futuro das empresas, feita pela revista *Yes! The Journal for Positive Futures,* na sua edição de verão de 1999. Pediu-se que ele e David Korten, autor de *When Corporations Rule the World* e antigo executivo da Ford Foundation discutissem as perspectivas de mudança sob o atual modelo econômico do capitalismo. Eles trocaram idéias sobre o artigo em destaque, intitulado "Futuros Corporativos". Abaixo, transcrevo trechos de apenas uma das conversas entre os entrevistados:

Hawken: ... Concordo com David quando diz que o capitalismo financeiro, o capitalismo que está em vigor e em prática, é bizarro e canceroso... O capitalismo surgiu da industrialização sem quaisquer parâmetros ou valores específicos. Por vezes recebeu louros em exagero de alguns críticos, assim como fazem os conservadores ainda hoje, mas valores sociais e ambientais nunca fizeram parte das discussões. O Capitalismo simplesmente apareceu. Ninguém disse "não seria legal ter uma economia avassaladora com uma capacidade de produção sem precedentes que destruísse a capacidade de qualquer sistema em vigor no planeta, num mundo em que noventa por cento das riquezas estivessem concentradas nas mãos de dois por cento da população, e os outros noventa e oito por cento não se importassem com isso porque estariam anestesiados pelo consumo ou pela possibilidade remota de obter mais bens materiais...

A conquista de um mundo melhor

Korten: ... Do meu ponto de vista, uma economia de mercado consciente não precisa de instituições criadas para o propósito único de enriquecer o já abastado e concentrado poder econômico sem responsabilidade democrática. Os problemas surgem de uma combinação de tamanho, propriedade e responsabilidades e são mais bem resolvidos substituindo-se as empresas multinacionais, com poucas responsabilidades, por empreendimentos de dimensões humanas, mantidos por acionistas que devem satisfações às comunidades em que se estabelecem. Também não há espaço numa economia dessa natureza para a especulação financeira...

Hawken: ... É frustrante ver o império do corporativismo continuar a concentrar a propriedade da mídia, dos recursos energéticos, dos transportes, da publicidade, do maquinário e de tantos outros setores e não perceber que o poder está sendo usurpado e colocado nas mãos de tão poucos. Embora o aumento do ritmo das mudanças nas empresas esteja acelerado no momento, às vezes é necessário segurar o fôlego quando se vê o que acontece por trás das mudanças. Uma determinada instituição está fazendo um esforço legítimo para mudar a sua cultura e o seu rumo ou será que está simplesmente se apoiando no primeiro degrau da escada para garantir uma vista melhor?

... estamos falando aqui de paradigmas muito arraigados e altamente reforçados, que foram enfiados na cabeça de todo portador de um diploma de MBA nos EUA, sem mencionar os do estrangeiro. Não é fácil fazer mudanças. Mesmo os presidentes de empresas que entendem a sustentabilidade muitíssimo bem... dizem que encontram sérias dificuldades para se fazer entender por outros presidentes. Essas barrei-

O papel dos negócios

ras permeiam a organização, não apenas o topo da pirâmide da gestão empresarial. Apesar disso, é o setor executivo que impõe a maior barreira... Concordo com o ponto de vista de David; estamos sem objetivos. Quais são os objetivos das empresas nos EUA?

A pergunta de Hawken é bastante compreensível. Além de gerar lucros, quais são os objetivos da empresa moderna? Fugindo da retórica predominante acerca da satisfação do cliente, da melhoria da qualidade, dentre outras coisas, como essas entidades legais cuja vida é ilimitada continuam com sua postura autônoma quando o público pode revogar seus direitos a qualquer momento em que sentirem sua confiança abalada? Isso se deve à apatia, à ignorância e à cumplicidade do público em manter o sistema em vigor.

A preocupação de Korten sobre a especulação é outro grande desafio para que mudemos nossos hábitos. Joel Kurztman, antigo editor do caderno de negócios do jornal *The New York Times*, estima que a economia de especulação, ou financeira, nos mercados de ações — principalmente as transações eletrônicas que não têm nada a ver com a economia baseada no comércio e nos bens da qual a maioria de nós participa — seja mais de dezesseis vezes maior do que supomos que seja "a economia".

Em seu livro de 1993, *The Death of Money*, Kurtzman afirma que, comparado a essa economia especulativa monstruosa, "as verdadeiras transações do mundo são, na verdade, pequenas. A economia financeira, que costumava ser o carro-chefe, agora é o reboque", afirma o autor. "Como conseqüência", acrescenta, "a especulação exerce muito mais influência sobre a vida econômica de cada nação do que imaginamos".

Isso explica, ao menos em parte, por que o sistema econômico como um todo é o sistema mais traiçoeiro e pernicioso que ameaça os povos dos países industrializados. A especulação não atrai parcerias ou investidores. Somente promove investimentos de curto prazo e só incentiva a lealdade ao dólar.

O modelo do capitalista selvagem

A firma de investimentos imobiliários que fundei em parceria com um amigo, no final da década de 1970, era especializada em comprar propriedades para investimento, segurá-las por um prazo curto de quatro a sete anos, fazer quaisquer reparos óbvios que aumentassem o valor de revenda e depois desfazer-se delas. Todos ganharam muito dinheiro. Mas, além de aumentar a riqueza do investidor, será que criamos qualquer outro valor para os vizinhos, para a comunidade ou para o mundo? Eu diria que não necessariamente.

Agora que reavalio a situação, vejo que éramos especuladores profissionais. Em nome das parcerias com os nossos investidores, adquirimos propriedades sem nenhuma intenção de nos tornarmos proprietários durante aqueles anos.

Chamo esse modelo pelo qual homens e mulheres de negócios fazem o bem no mundo de "modelo do capitalista selvagem". Por meio dele, um empreendedor ou investidor faz fortuna com algum tipo de empreitada, que se capitaliza às custas da exploração de pessoas e de recursos naturais, e depois abre um *trust* ou uma fundação para doar *parte* do dinheiro para causas nobres. Dessa forma, eles são vistos como benfeitores pela obra de caridade que fazem, enquanto quaisquer aspectos negativos da sua atividade comercial são totalmente ignorados. Muitos dos primeiros milionários dos EUA seguiram essa fórmula.

Enquanto eu e os meus sócios ganhávamos muito dinheiro, eu também estava bastante atento à crescente tensão em todo

O papel dos negócios

o mundo por causa da corrida armamentista. Depois de oito anos ganhando somas vultosas, iniciei uma pequena fundação, de modo que pudesse contribuir com parte das minhas energias para melhorar o mundo — algo além de gerar alguns milhões para algumas centenas de pessoas.

Depois, comecei a me questionar por que as pessoas não conseguiam ter um negócio que de fato fizesse algo de bom para o mundo e seus habitantes — gerar lucros *ao* fazer o bem, em vez de gerar lucros e *depois* fazer algum bem com os trocados que sobrassem depois de assegurar um estilo pródigo de vida. Apesar desses questionamentos, eu continuava a seguir o "modelo do capitalista selvagem" de fazer dinheiro o quanto pudesse, o mais rápido possível, para que pudesse me dedicar a dar alguma contribuição para o mundo.

Eu esperava que os meus sócios e eu fôssemos capazes de diminuir o ritmo de modo considerável num período curto e que, em seguida, eu pudesse dedicar ainda mais tempo ao trabalho na fundação, que promoveria o pensamento sistêmico e hábitos holísticos a fim de diminuir as tensões e a desconfiança entre as superpotências. Por fim, meus sócios e eu desfizemos a sociedade em meados da década de 1980, a década do exagero, o que me levou a trabalhar em período integral para um mundo melhor.

Os anos oitenta revividos

A chamada "Década da Ganância" — os anos oitenta — testemunhou várias fusões e aquisições entre empresas de grande porte, enquanto a Wall Street concentrava seus esforços para aumentar os valores das ações a curto prazo, gerando somas vultosas para alguns privilegiados. Aquela também foi a década dos escândalos dos títulos emitidos por empresas de alto

A conquista de um mundo melhor

risco, da poupança e do crédito imobiliário. Estudantes de administração esperavam ficar milionários cinco anos depois de concluir o mestrado, desde que atuassem no setor de investimentos nesse prazo.

Vinte anos depois, há uma dinâmica semelhante em vigor no Vale do Silício, de acordo com vários ás das finanças, inclusive Michael Lewis, autor de *Liar's Poker* e de *The New, New Thing*. Entrevistado pela *San Francisco Magazine*, no final de 1999, Lewis disse ao entrevistador que "os ganhos no Oeste americano estão fazendo Wall Street passar vergonha". Depois de saber que a empresa Solomon Brothers fora transferida de Nova York para a Califórnia, Lewis também mudou-se para o Oeste e percebeu que "o dinheiro, não o programa de computador mais recente, era o assunto do momento". De acordo com a revista, Lewis viu "que o Vale do Silício, longe de lembrar Wall Street, infestada de arbitragens, enlouquecida pela troca de moedas — um lugar comprometido com a arte do negócio, e não com a criação de novas tecnologias — é o último capítulo do perpétuo romance dos EUA com o sucesso".

O ciclo da produção e do consumo

Primos do sistema econômico especulativo são os sistemas de produção e consumo. O consumo é necessário para que haja os níveis de produção pelos quais estamos obstinados, e vice-versa. Um alimenta o outro. Tal como o alcoólatra que depende da pessoa ou do sistema que sustenta seu vício, todos devemos concordar que o consumo é bom para que possamos ir para o trabalho e produzir coisas, para que tenhamos mais o que consumir, para produzir mais e assim por diante.

Não há duvidas de que muitas das entidades do setor privado, amplo e legal — principalmente empresas multinacionais

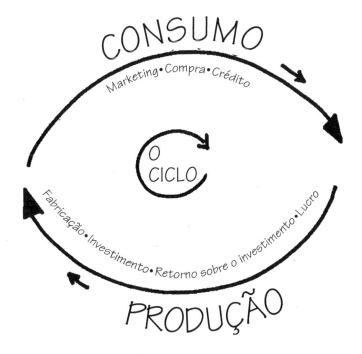

de capital aberto — tornaram-se insensíveis às questões sociais, cruéis com o meio ambiente, e estão fazendo o possível para tornar poucas pessoas muito ricas à custa da esmagadora e crescente maioria da população terrestre. Pode-se dizer que elas são as maiores culpadas pela perpetuação da distância entre os "possuidores" e os "despossuídos" deste mundo — uma situação potencialmente perigosa para todos nós. Embora as empresas sejam consideradas culpadas, como os alcoólatras num sistema alcoólico, há outros elementos nesse sistema que o mantêm em funcionamento.

O futurista Didsbury aborda a natureza hedonista da nossa sociedade que é "atraída pelo chamado da sirene da satisfação instantânea". Ele afirma que "... não há chamados para a prestação de serviços ou o sacrifício pessoal pelo bem comum, mas

A conquista de um mundo melhor

há uma tirania que não se discute... o aumento do interesse e da busca por tudo que estiver voltado para o aqui e agora".

O autor descreve a nossa "sociedade sensata", na qual a produção e o consumo colaboram "para criar catálogos de infinitas necessidades". E acrescenta que esse sistema "serve como forma de reflexo condicionado na incitação e perpetuação de desejos insaciáveis". Em seguida, ele pondera sobre um cenário desafiador ao citar E. J. Mishan, autor de *On Making the Future Safe for Mankind*:

> Não há necessidade de aderir ao debate sobre a eficácia da propaganda comercial na formação do gosto popular. Falando apenas a respeito das amplas repercussões sociais da propaganda comercial, é difícil negar que essa pareça ter obtido enorme sucesso em uma de suas metas — a de fazer as pessoas sentirem-se descontentes com o que já conseguiram. Na verdade, é difícil imaginar algo que lançasse a economia dos EUA num desatino maior do que uma conversão religiosa que deixasse a maioria dos norte-americanos totalmente satisfeita com o quinhão material que lhe cabe.

Devido ao meu trabalho voluntário como curador da The Club of Budapest Foundation, na Hungria, fiquei mais bem informado e mais atento ao embate entre ideologias da Europa Central. Enquanto as pessoas lutam para superar esse processo, podemos ver os aspectos mais obscuros do capitalismo — "o capitalismo brutal" em sua pior forma — que deixa algumas pessoas e empresas "podres de ricas" enquanto seus compatriotas lutam pelas necessidades básicas à sobrevivência. Na edição de 13 de novembro de 1999 da revista *The Economist*, citou-se um professor da antiga Alemanha Oriental. "Sem dúvida, meu padrão de vida melhorou", diz. "Mais importante ain-

O papel dos negócios

da é que posso ir aonde quero, dizer o que quero, fazer o que quero. Mas nem tudo na República Democrática Alemã era ruim. Talvez não pudéssemos comprar tantos produtos de luxo, mas a comida era barata e ninguém passava fome. Pelo menos, todos tinham emprego. E as relações humanas eram melhores. Eu precisava dos meus vizinhos e eles, de mim. Todos se ajudavam. Agora as pessoas estão mais isoladas. Muitas vezes não dizemos sequer 'Olá!'"

Capitalismo em transformação

O economista Lester Thurow, antigo reitor da Escola de Administração de Sloan, do MIT e autor de *The Zero-Sum Society*, aborda os desafios impostos atualmente ao capitalismo. Em seu livro de 1996, *The Future of Capitalism*, ele examina o tão idolatrado sistema econômico, agora que os seus concorrentes — o fascismo, o socialismo e o comunismo — já não passam de concorrentes extintos. Ele afirma que "as verdades eternas do capitalismo — crescimento, emprego para todos, estabilidade social, aumento real de salários — parecem estar desaparecendo do mesmo modo que desaparecem os inimigos do capitalismo. Algo inerente ao capitalismo mudou e passou a gerar essas conseqüências. Algo tem de mudar para alterar esses resultados inaceitáveis se se quer que o capitalismo sobreviva".

Ao explicar como essa meta deve ser alcançada, Thurow descreve como os sistemas resistem às mudanças, esclarecendo a dificuldade de mudar qualquer sistema complexo, em particular o sistema predominante no mundo atualmente. Thurow pergunta: "Como um sistema que acredita que a concorrência é necessária para tornar eficazes as firmas que funcionam no capitalismo pode se adaptar a um ambiente em transformação e manter-se eficaz se o próprio sistema do capitalismo não tem concorrente? Será que o capitalismo perdeu a capacidade de se adaptar a novas circunstâncias com a expulsão de todos os seus concorrentes dos campos em que joga a economia?" Ele acrescenta que:

> Os que governam o sistema vigente, não importa o quanto suas ideologias sejam de esquerda ou revolucionárias, são conservadores. O sistema os escolheu para comandar e, portanto, deve ser o sistema "certo". Sem qualquer ameaça externa ou interna ao sistema vigente, todas as mudanças reduzem as possibilidades de que eles continuem a governar no futuro. Uma vez que sabem que governam em virtude das regras atuais, opõem-se instintivamente às mudanças — pessoas diferentes poderiam governar, caso as regras fossem diferentes.

Thurow menciona uma das leis básicas da teoria dos sistemas: independentemente do fim a que tenha sido destinado no princípio, qualquer sistema se adapta a uma ordem elementar: resistir a qualquer coisa que perceba como ameaça à sua existência. Em outras palavras, um sistema se defende em primeiro lugar, mesmo que isso signifique abandonar o fim a que foi destinado.

O pensamento sistêmico

O pensamento sistêmico é, sem dúvida, um modo mais apropriado de nos engajarmos na vida moderna, pois é condizente com a complexidade das coisas nos dias de hoje. A idéia simples da causa e efeito só é adequada para lidar com sistemas muito simples. Se você quiser fazer deslizar um tijolo sobre uma mesa, deve aplicar pressão sobre uma das extremidades e o tijolo se deslocará na direção em que você o empurrar. Todos nós lembramos das experiências de física no colégio que envolviam pressão, massa, velocidade e força.

Há algumas gerações, a vida profissional era relativamente simples. A vida no campo era muito simples. Como parte de uma família de camponeses, havia os membros da própria família, as tarefas domésticas e as colheitas. Esse era um sistema ainda bastante simples, um sistema que raramente mudava. As pessoas na vida de um indivíduo tendiam a permanecer junto a ele por toda a vida. A geração que o precedera vivera no campo, e a geração que o sucederia deveria permanecer ali também.

A Era Industrial mudou tudo isso. Todos os sistemas com os quais interagimos hoje são significativamente mais complexos do que há um século. Tudo acontece com mais rapidez. O ritmo é frenético comparado com a época dos nossos avós. As mudanças passaram a fazer parte do cotidiano; já não são um fenômeno raro. Nossa cultura tornou-se muito variada, bem como muito mais complexa. A vida corporativa é uma herança dos últimos cinqüenta anos e tornou-se bastante complexa nessas poucas décadas. As definições de "família" e "lar" foram completamente reformuladas desde a virada do século, acrescentando ainda mais dimensões ao mundo complexo no qual vivemos hoje.

No mundo dos negócios, quando se pensa em sistemas complexos e na integração dos mesmos, vem à mente a figura de Peter Senge, da Escola de Administração de Sloan, do MIT. Um dos últimos integrantes do atual grupo de gurus, Senge tornou-se desde 1990, quando seu livro — *The Fifth Discipline* — foi publicado, um dos principais consultores de empresas e autoridades internacionais acerca de mudanças organizacionais

A conquista de um mundo melhor

de larga escala. Orientado por Ray Forrester, professor emérito da Sloan, ele também ajudou a planejar um curso oferecido por uma empresa de consultoria afiliada, a Innovation Associates, que, desde então, faz parte da consultoria internacional Arthur. D. Little. O curso, do qual participei no início da década de 1980 e no qual tive o primeiro contato com a teoria dos sistemas, chamava-se Liderança e Domínio.

Embora haja vários pioneiros no campo do pensamento sistêmico — da perspectiva da biologia, da psicologia e da saúde —, Senge acabou se firmando como o principal especialista da área do ponto de vista das organizações. É possível concluir que ele trouxe para os empresários os conceitos de pensamento sistêmico e o primo deste, a "organização aprendiz", numa escala mundial que excedeu quaisquer proponentes anteriores.

Senge e os seus colegas da Sociedade para o Aprendizado Organizacional, do MIT, vêem o mundo sob a ótica dos sistemas vivos dinâmicos — a inter-relação e a interdependência de todos os elementos do sistema e a dinâmica entre esses componentes. Essa perspectiva é muito diferente da forma mecanicista convencional de analisar as relações. Ele define o pensamento sistêmico como a "sensibilidade" que nos possibilita perceber a natureza sutil e o equilíbrio dos sistemas complexos. Em *The Fifth Discipline*, ele afirma:

Hoje, o pensamento sistêmico é mais necessário do que nunca porque estamos ficando sobrecarregados com a complexidade. Talvez pela primeira vez na história, a humanidade teve a capacidade de gerar muito mais informação do que é possível absorver, de gerar muito mais interdependência do que se pode tolerar, e de gerar mudanças muito mais rápido do que a nossa capacidade de

O papel dos negócios

acompanhá-las. Sem dúvida, a escala de complexidade não tem precedentes.

A complexidade pode facilmente minar a confiança e a responsabilidade... O pensamento sistêmico é o antídoto para essa sensação de impotência que muitos sentem ao entrar na "era da interdependência". ... O pensamento sistêmico propõe uma linguagem que começa pela reestruturação do nosso modo de pensar.

Senge usa a imagem de uma tempestade para exemplificar o sistema complexo que só pode ser compreendido ao se contemplar o sistema inteiro, não uma parte dele ou um aspecto específico. Ele afirma que "os negócios e outros empreendimentos humanos também são sistemas. Eles também estão entrelaçados por fios invisíveis de ações inter-relacionadas, que muitas vezes levam anos para exercer todos os seus efeitos umas sobre as outras. Uma vez que nós mesmos fazemos parte dessa trama, é duas vezes mais difícil enxergar a mudança por completo. Em vez disso, tendemos a voltar a atenção para aspectos de partes isoladas do sistema, e questionar por que os nossos problemas mais sérios parecem nunca ter solução".

Uma das primeiras coisas que aprendi a respeito dos sistemas foi que a maior parte das pessoas e das organizações concentram-se no problema aparente quando tentam melhorar um sistema — fazer com que ele faça o que já estava previsto. Essa abordagem é um exemplo de pensamento de causa e efeito. Quase sempre, não se dá a devida importância a esse problema, já que os demais elementos do sistema — as partes, as relações entre essas partes, os atrasos e outros elementos — precisam ser incluídos e compreendidos da melhor forma possível. Em geral, há o que Senge chama de "ponto de alavancagem" — um lugar do sistema que pode não parecer relacionado à disfunção — em que a atenção pode ser mais bem aproveitada para melhorar e entender o sistema.

A consciência na empresa

Em 1999, escrevi um artigo intitulado "A Empresa Consciente", que antecedia a publicação de uma antologia que eu compilara sob o mesmo título. Nesse artigo, proponho uma visão do que seria possível para uma empresa que fosse viável e que prosperasse num mundo pós-transformação. Afirmei que:

> A Hierarquia das Necessidades, do psicólogo humanista Abraham Maslow, declara que a auto-realização é um estado buscado por todos os seres humanos, depois que tenhamos satisfeito as necessidades mais básicas de sobrevivência, de gratificação e da socialização.

> Parece bastante razoável afirmar que, conforme evoluímos e nos tornamos seres mais conscientes, torna-se necessário que as nossas empresas façam o mesmo. Conforme as pessoas prosseguem no caminho da auto-realização, as várias iniciativas, as instituições e as empresas em que os seres humanos se reúnem para produzir resultados deverão mudar drasticamente para não perecer.

Não tenho a intenção de alarmar os líderes empresariais com um ultimato dessa natureza, mas percebo uma sensação de urgência que pode exigir que se façam sérias advertências, se quisermos chamar a atenção das pessoas que podem fazer mudanças.

Quando as pessoas "acordam" e se juntam para trabalhar, e formam uma organização, é óbvio que essa empresa precisa dar espaço para pessoas que estejam despertas. Conforme afirmei, "isso lembra a gênese da 'empresa consciente' — não a fase final, em que todo funcionário tenha o título de "iluminado" e em que cada elemento da empresa, divisão, departamento, agência ou instituição esteja completamente livre de qualquer vestígio de inconsciência. A Empresa Consciente é aquela que se examina constantemente, que está decidida a atingir o mais alto grau de consciência possível. Em outras palavras, ela tolera muito pouco a inconsciência. Encerra o desejo coletivo de estar sempre alerta, o compromisso coletivo com a evolução contínua e a coragem coletiva de agir". Afirmei ainda que:

> Assim que essa Empresa Consciente, ou qualquer outra ligada a ela, reconhecer a qualidade, o procedimento ou outro elemento da sua cultura que não seja consciente, haverá um protesto de grandes proporções e os recursos da empresa serão direcionados à "limpeza" do setor em questão, para torná-lo mais consciente.

Parece utópico? Parece "conversa oca da Nova Era", dirão alguns. Pois bem, um dos gurus do meio empresarial mais respeitados no Ocidente, o britânico Charles Handy, insiste cada vez mais, a cada livro que escreve, na necessidade de grandes mudanças no modo como operam as empresas. Ele fez parte da fundação da London Business School, onde também atuou como professor depois de um período em que trabalhou para a petrolífera Shell. Escreveu seis livros, dentre os quais se destaca *The Age of Unreason*, um livro que ganhei de um amigo há dez anos. Desde então, tive o privilégio de conhecer Handy e sua esposa Elizabeth, uma retratista. Handy tornou-se um dos estudiosos do comércio mais proeminentes do mundo e é reconhecido por muitos como o "maior" escritor sobre a gestão empresarial na Grã-Bretanha.

A conquista de um mundo melhor

Em seu livro de 1998, *The Hungry Spirit*, Handy escreve a respeito de um mundo além do capitalismo tradicional. Ele afirma que "o capitalismo precisa ser novamente interpretado para que se torne decente, e as empresas, que são instituições essenciais do capitalismo, precisam ser reexaminadas. O ensino tem de ser reformulado para que possa preparar todos nós para assumir responsabilidades mais pessoais. O governo precisa devolver a responsabilidade ao povo. Somente então seremos capazes de perceber que cabe a nós moldar a vida e a sociedade. Se isso acontecesse, nossos valores poderiam ditar nossa maneira de trabalhar, em vez do contrário".

Handy tornou-se mais franco com o avanço da idade e com o crescente reconhecimento em todo o mundo como filósofo do ramo empresarial — uma das poucas autoridades em gestão empresarial do Ocidente, como Warren Bennis e Peter Drucker. O número de pessoas que se identificam com suas palavras é cada vez maior, o que lhe confere cada vez mais autoridade para desafiar o *status quo*. Ao escrever sobre o cowboy empreendedor, ele afirma que:

> Ross Perot está errado. O individualismo livre de compromisso corrompe qualquer nação. Leva à ênfase nos direitos, sem se levar em conta deveres ou responsabilidades.

Em outro trecho da mesma obra, Handy acrescenta que "por si só, as coisas não produzem necessariamente os melhores resultados. *Laissez-faire* é uma postura desprovida de valores. Ninguém se responsabiliza por ninguém. Isso é egoísmo descabido, e pode levar à autodestruição. Precisamos de algo melhor. O capitalismo enquanto idéia engloba o capital social tanto quanto o capitalismo econômico. Um não funciona sem o outro por muito tempo".

Um dos conceitos de Handy que considero absolutamente tentador é a sua "Doutrina do Suficiente". O autor às vezes se refere a essa idéia como "suficiência decente" ou "suficiência elegante" — dois outros termos carinhosos que considero igualmente interessantes. O autor torna esse conceito mais claro no seguinte trecho:

> Claro que é fácil dizer que o *"já chega"* quando é evidente que se tem o suficiente. O problema para a maioria das pessoas é chegar a esse ponto. Assegurar a todos a oportunidade concreta de poder atingir os próprios níveis de suficiência para que possam progredir, essa deve ser a prioridade da sociedade que adota a doutrina do suficiente... A filosofia do suficiente não pode ser imposta à sociedade. É uma questão de princípios, não de lei.

Handy prossegue, como se pensasse alto, mas esclarecendo aos leitores que eles podem pensar de outro modo, porque essa é a única maneira de escapar da armadilha que criamos para nós mesmos. Tal como o macaco capturado pelo caçador por ter se recusado a desistir da fruta que foi buscar quando passou pelo buraco estreito da armadilha, devemos desistir das coisas a que estamos apegados para que possamos ser livres.

Outro líder empresarial que interpretou os sinais de alerta foi Dee Hock, o fundador da Visa Internacional. A primeira vez que li este trecho em destaque, fiquei atônito ao saber que fora escrito pelo presidente de uma organização internacional do porte da Visa. Um conselheiro que se destaca dentre os executivos mais bem-sucedidos, Hock afirma que:

> Estamos exatamente num daqueles momentos da história em que uma era de quatrocentos anos agoniza em seu leito

de morte enquanto outra luta para vir ao mundo — mudanças na cultura, nas ciências, na sociedade e nas instituições de proporções muito maiores do que as de qualquer outro período já vivido. À nossa frente, encontra-se a possibilidade de restaurar a individualidade, a liberdade, a comunidade e a ética de um modo jamais visto.

Seria possível afirmar que, até o momento, houve um tipo de "pacto de silêncio" entre os empresários? O produtor de TV Norman Lear foi entrevistado para uma das minhas antologias em 1994 — *Leadership in a New Era*. Ele revela que teve um lampejo intuitivo sobre os empresários, com base nos comentários que recebeu: "os empresários não estavam prontos para dar um passo à frente e tornar pública a experiência que até então mantiveram em sigilo".

Uma cosmologia nova para a empresa

Se o capitalismo "simplesmente surgiu" sem quaisquer valores claros como Hawken afirmou anteriormente, sem dúvida se valeu da idéia de duzentos e cinqüenta anos de Adam Smith, segundo a qual as forças do mercado tomam conta das coisas e que a "mão invisível" garante o equilíbrio entre os interesses individuais e os interesses da coletividade. Com o devido respeito pelo "pai do capitalismo", as palavras de Smith estão ultrapassadas no mundo de hoje. Entretanto, os capitalistas fundamentalistas ainda se entusiasmam com essa metáfora, e muitos deles usam as idéias de Smith para justificar o fato de levarem o interesse próprio a extremos.

Outra crença ultrapassada adotada no comércio tradicional, principalmente nos EUA, é uma declaração muito mais recente de Milton Friedman, membro do comitê de conselhei-

O papel dos negócios

ros econômicos do governo Nixon em 1968 e um dos economistas mais influentes dos tempos modernos. Friedman — que mais tarde recebeu o Prêmio Nobel de economia — disse que uma empresa deve lealdade aos seus proprietários em primeiro lugar — e que a única responsabilidade de uma empresa deveria ser pelos seus acionistas.

Diretores e executivos mais graduados não tardaram em se apossar da idéia de Friedman — tratando-a com toda a reverência de um decreto papal vindo de Roma — e o recitam desde então como justificativa para todo tipo de falcatrua. As repercussões de um pronunciamento vindo de alguém tão digno de crédito foram bastante amplas. Ao contrário da visão de Smith sobre a economia de mercado e das suas palavras superadas pela passagem do tempo, a declaração relativamente recente de Friedman foi totalmente contrária a uma sociedade global saudável e o oposto da afirmação da vida para o homem e a Natureza.

Para que o mercado esteja em consonância com a Era da Consciência — para que esteja no ritmo da nova música da era que surge —, é necessária uma "cosmologia" clara, uma forma de ser no mundo para que o mesmo saiba qual é o seu papel, suas responsabilidades e o que o resto da sociedade espera dele. No momento, como deduz Hawken, não há uma cosmologia clara. Tampouco há uma filosofia clara, além das que ecoam os decretos de Smith e Friedman.

Enquanto a maior parte dos dicionários define o termo cosmologia como algo relacionado à natureza do universo, eu o uso para definir a filosofia essencial de como a empresa se relaciona com o mundo num sentido universal, tal como o contexto maior, ou o papel principal, ou o destino que tem no cosmos. O questionamento vai muito além da visão estreita lançada pelos entusiastas da mão invisível de Smith e do decreto de

– 119 –

Friedman. O que eu pergunto é algo muito parecido com a questão que muitas pessoas — pessoas como eu — fazem no âmbito individual. A pergunta para mim foi "Que papel desempenho no universo?" ou "Por que estou aqui?"

É tempo de as empresas se perguntarem o mesmo. Qual é o principal papel da empresa no mundo? De que forma a empresa pode contribuir com a evolução da humanidade? Afinal, tal como os seres humanos, as empresas mal atingiram seu ápice como colaboradoras da evolução global da humanidade.

E, como nos lembra Bennis, gerar lucros está longe de ser o único propósito de uma empresa. Portanto, qual é o principal papel da empresa — claramente? Ela carece de uma nova cosmologia.

Reacionária ou visionária abordagens à mudança

Parte dessa nova cosmologia da empresa — esse novo modo de lidar com o resto do cosmos — inclui a abordagem da empresa às mudanças. A maioria dos executivos, estrategistas, planejadores e consultores passam o tempo prevendo mudanças planejadas com base em tendências ou reagindo às mudanças que ocorrem no atual ambiente do mercado. Pagam grandes quantias aos futuristas para que digam o que devem esperar. Essa abordagem é *reacionária* — reage a uma mudança prevista ou antecipada que possa afetar a empresa em questão.

Há provas suficientes de que mudanças estão ocorrendo em ritmo acelerado e que os administradores estão reagindo de modo muito parecido com o de um foragido tentando escapar de uma rajada de metralhadora que segue os seus passos.

A administração de mudanças tornou-se um campo de atuação completo, com especialistas tais como consultores, gerentes interinos e executivos graduados, além de professores de administração. Um dos tópicos mais solicitados aos palestrantes mais notáveis atualmente é a administração de mudanças, e a maneira de lidar com as dificuldades que as mudanças acarretam. O ritmo das mudanças é tão surpreendente que tentar "administrá-las" equivale a "velejar" sob condições extremas, um eufemismo forjado por Peter Vaill, professor de administração da George Washington University.

Mas o que dizer das mudanças que *queremos* fazer? O que dizer a respeito de vislumbrarmos um futuro — à nossa maneira, e não da maneira que pensamos que vai ser? Por que não paramos de *reagir* a todas essas mudanças incidentais que nos bombardeiam e nos concentramos na *criação* de um futuro que nos agrade? Que tal passar para o outro lado da mudança e provocar as mudanças que almejamos, em vez de aprender a lidar com as mudanças que acontecem por si?

Que lado dessa questão, afinal, nos deixa mais seguros?

Por que ficamos passivos, sendo vítimas de *mudanças anônimas* e aprendendo estratégias e mecanismos de defesa quando podemos ser *autores do nosso próprio futuro* — da nossa própria realidade? Essa é a nova cosmologia da empresa — criar um futuro próprio, fazendo escolhas para o mundo em vez de nos adaptarmos ao que surge pela frente.

Não seria animador?

Cosmologia e espírito

Cosmologia combina com espírito. Matthew Fox, autor de *The Reinvention of Work*, nos conta que o teólogo Tomás de Aquino disse que "espírito" significa a nossa capacidade de lidar com a totalidade das coisas e que cosmologia significa o todo ou a totalidade. Ele afirma que "colocar a espiritualidade ao lado da cosmologia é um procedimento muito natural para os seres humanos. Viver sem uma cosmologia não é natural e é raro".

Se for assim, os empresários viveram de modo *não-natural* até o momento.

Desenvolver de modo consciente uma nova cosmologia para a empresa requer um rigor mental que pode pôr à prova a mente de muitos executivos de carreira que estão acostumados a se concentrar em estratégias, técnicas e modelos de gestão. A criação de uma nova cosmologia os força a olhar por um ângulo mais amplo e indagar a respeito de propósitos mais consistentes do que simplesmente gerar mais lucros ou aumentar a receita do próximo trimestre.

Um líder sem seguidores

Antes de encerrar este capítulo sobre o papel da empresa, devo mencionar o papel dos EUA no fomento a essa nova cosmologia para a empresa. Afinal, os EUA foram os primeiros a implementar o capitalismo em todo o mundo e são responsáveis por boa parte dos impactos positivos e negativos que esse novo capitalismo agora exerce sobre o resto do mundo.

Enquanto essa idéia permeia o pensamento de vários filósofos da administração de empresas há mais ou menos uma década, só agora a mídia começou a abordar a questão. O *U.S. News & World Report* publicou um editorial em sua edição de 18 de outubro de 1999 que abordava o aumento do abismo entre ricos e pobres nos EUA. O editor-chefe Mortimer Zuckerman enfatizou nesse artigo — intitulado "Uma Nação Dividida" — a distribuição desigual de riquezas no país. Seu artigo revela que, quando se trata de gerar riquezas, *todo* o crescimento de 1983 a 1997 destinou-se aos 20% dos americanos mais ricos!

Isso faz com que 80% — quatro dentre cinco famílias, ou 217 milhões de pessoas — levem para casa *menos* do que levavam há mais de vinte anos.

Por coincidência, a revista *The Economist* publicou um editorial na mesma semana no qual seus editores analisavam de que modo "Os Estados Unidos dominam o mundo como um colosso". O domínio dos EUA foi o enfoque do editorial e, em particular, a insistência do nosso país em "dar conta do recado sozinho" — agir de forma unilateral sem muitos aliados e, do mesmo modo, colocar os interesses próprios em primeiro lugar".

O artigo termina afirmando que os EUA "podem gozar da liberdade alegremente; mas também vão acabar sós. O país será um líder sem seguidores, num mundo desestabilizado pelo próprio isolamento. Isso é, de fato, soberania. Mas uma superpotência deveria ser mais nobre e mais sábia".

"Estamos bem no ponto em que uma era de quatrocentos anos encontra-se nos estertores da morte e outra luta para nascer..."

— Dee Hock, fundador, VISA Internacional

CAPÍTULO CINCO

A maior responsabilidade

Toda a conversa que gira em torno de uma nova cosmologia da empresa, de consciência planetária, de novos modelos econômicos e dos outros assuntos que discuti nesta obra pode ser vista como mero lugar-comum, se não abordarmos o que tudo isso significa para o indivíduo. É aqui que a coisa se complica.

Muitos leitores podem concordar prontamente com tudo o que afirmei antes. Desse modo, se depender da mente humana, essas idéias podem parecer "interessantes" — talvez até mesmo tentadoras —, mas também podem não passar de puro idealismo, por mais nobres que sejam. Por esse motivo, permanecem no âmbito do conceito, do reino intelectual.

Elas dão origem a conversas interessantes em coquetéis e em discussões animadas. Mas podem parar por aí a menos que essas condições, esses desafios e possibilidades sejam trazidos para o universo do indivíduo. Trazer essas idéias para o âmbito da realidade pessoal — o que significam para você e para mim — as torna "executáveis". Elas deixam de ser relegadas às

– 125 –

"conversas interessantes" e passam a fazer parte de reflexões mais profundas.

Valores e hipocrisia

Nosso modo de viver a vida como indivíduos diz muito a respeito dos valores que defendemos. O que dizemos acreditar, os lemas que endossamos e a quem nos associamos não reflete necessariamente quem somos em essência — o nosso íntimo. Essas associações, endossos e pronunciamentos de fato reforçam as imagens que temos de nós mesmos, da nossa personalidade. Mas as imagens de quem somos e do que defendemos são muito diferentes de sermos de fato nós mesmos — seres plenamente maduros, ponderados e conscientes.

Robert Rabbin, o místico dos tempos modernos que escreveu *Invisible Leadership: Igniting the Soul at Work**, escreve e fala com rara franqueza, o que eu considero fascinante e um tanto provocativo. O autor lida com a hipocrisia de um modo bastante semelhante, ao escrever:

> Jamais dou ouvidos a alguém que fale dos próprios valores. Meus ouvidos se fecham e fico surdo. Prefiro observá-los. A verdade é que estamos sempre expressando os nossos valores; é tolice acreditar que o que dizemos e o que fazemos sejam duas coisas diferentes que devem ser justapostas... podemos até *pensar* que os nossos valores são o que acreditamos que sejam, mas esse é um conceito enganoso. Os nossos verdadeiros valores são expressos por meio das nossas ações, no que e como fazemos. As nossas ações jamais con-

---

* *Liderança Invisível*, publicado pela Editora Cultrix, São Paulo.

A *maior responsabilidade*

tradizem os nossos valores: as nossas ações *são* os nossos valores.

"Se acreditarmos que os nossos valores são o que dizemos que são", afirma Rabbin, "então também acreditaremos em todos os motivos e desculpas que damos para justificar por que não vivemos de acordo com eles. A simples razão pela qual não vivemos de acordo com os nossos valores é que eles não são os nossos verdadeiros valores". O autor acrescenta:

Não precisamos recorrer a ensaios, livros ou tabuletas de pedra para nos referir aos nossos valores. Fazê-lo gera tensão e ansiedade desnecessárias que acaba por obscurecer ainda mais o que fazemos de fato. Agimos com base no que somos, o que está escrito nas tábuas do nosso coração. Se há algo a fazer, encontra-se ali, em nosso coração. Precisamos mudar o que somos de dentro para fora, não porque alguém nos diz que é assim que devemos fazer, mas porque vemos no espelho as nossas verdadeiras ações, e não gostamos do que vemos.

O texto de Rabbin vai direto à questão das responsabilidades individuais — ao "cerne" da questão, por assim dizer. A hipocrisia que todos trazemos no coração, a pessoa pública que todos devemos ostentar em certa medida, é um dos pontos obscuros de nossa personalidade que devem ser iluminados se quisermos transformar a nós mesmos, as nossas organizações e a nossa sociedade.

Escolhas responsáveis

Um dos programas diurnos mais populares nos EUA é o Oprah Winfrey Show. Em 1998, Winfrey — uma das mulheres mais ricas e bem-sucedidas da mídia e apresentadora do programa — passou a incluir um bloco de encerramento nos programas diários que ela intitulava "Para Lembrar o Espírito". Um dos programas mostrava o campeão de vendas Gary Zukav, autor de *The Seat of the Soul*, que foi convidado a participar do programa depois de vários anos de conversas por telefone com Winfrey. O programa conquistou tanta audiência que Zukav foi depois levado ao ar nos novos blocos de encerramento e, depois de alguns meses, exibiram um resumo dos blocos que apresentara. Por fim, em julho de 1999, ele retornou ao programa para um debate sobre "escolhas responsáveis" e sobre como viver com as conseqüências das escolhas que fazemos na vida — sejam conscientes ou inconscientes.

O Oprah Winfrey Show tem trinta ou quarenta milhões de telespectadores, a maioria deles, mulheres. A primeira vez em que Zukav apareceu, em 1998, resultou num grande aumento de vendas do seu livro em relação aos anos anteriores, elevando-o ao posto de Número Um nas listas dos mais vendidos do jornal *The New York Times*, quase uma década depois da primeira edição.

No entanto, o programa de 1999 sobre escolhas responsáveis foi um campeão de vendas — pelo menos do meu ponto de vista! Zukav e Winfrey fizeram um belo trabalho juntos, no qual o autor falou com absoluta clareza, sem recorrer a jargões ou à retórica vazia. A apresentadora fez uma atuação exemplar como facilitadora, de modo que os argumentos apresentados puderam ser bem compreendidos por qualquer um que assistisse ao programa. Fiquei tão impressionado que hoje recomendo esse programa para quem acredita que o mundo o "trata mal" e expressa a vontade de mudar a própria vida.

O argumento de Zukav era o de que todos nós fazemos escolhas. Como muitas delas podem não ser conscientes, podemos não perceber algumas escolhas que fazemos. Como ele disse aos telespectadores, "Se você não estiver ciente de todos os lados da sua personalidade... esses lados de que você não está ciente fazem as escolhas por você... Elas se tornam as suas obsessões, suas fixações e seus vícios".

Podemos optar pelo modo de responder a situações e somos responsáveis pelo que atraímos para nós mesmos. Se optarmos por acreditar que o mundo não pode mudar, por exemplo, então atraímos circunstâncias que reforçam essa crença. Durante a exibição do programa, Zukav afirmou que "O conjunto das experiências pessoais sempre confirma as crenças do indivíduo".

Esse é outro modo de dizer que criamos a nossa realidade, o que percebemos como nossa realidade, conforme vista por meio de nossas percepções, que são filtradas por meio das nossas crenças, que foram estabelecidas por escolhas que fizemos e que continuamos a fazer.

Um dos principais argumentos de Zukav é o de que precisamos aceitar as conseqüências das nossas escolhas, o que traz à tona a questão da responsabilidade de cada um pelas próprias escolhas. Com isso acabam as acusações, as denúncias e passamos a dizer a verdade. Afinal, se não formos responsáveis pela nossa vida, quem será?

Em *The Seat of the Soul*, Zukav afirma o seguinte:

O centro do processo evolutivo está na escolha. Ela é o motor da nossa evolução. Cada escolha que fazemos é fruto da intenção... O que escolhemos, com cada ação e cada pensamento, é uma intenção, uma qualidade da consciência que trazemos para o âmbito da ação ou do pensamento.

Não se pode escolher intenções de modo consciente antes que se tenha consciência de cada um dos vários aspectos da própria personalidade... A evolução inconsciente através da densidade da matéria física, através de experiências geradas de modo inconsciente por intenções inconscientes, foi o caminho seguido pela espécie humana até o momento.

A evolução consciente por meio da escolha responsável é o caminho mais rápido para a evolução... é o caminho consciente para o fortalecimento autêntico.

Embora a afirmação de Zukav seja destinada ao indivíduo, suas palavras têm um significado profundo tanto na esfera organizacional quanto na social, em nível global. Assim como o indivíduo, o mercado tem obsessões, fixações e vícios — tal como o consumismo material, para citar apenas um exemplo óbvio.

Todos ganhem versus *alguns ganhem: Uma questão de ponto de vista*

Quando as pessoas optam por acreditar que o mundo é um lugar hostil, ou que os outros as perseguem, ou têm qualquer outra visão de mundo céptica, temerosa ou resignada, tendem a atrair circunstâncias e situações de modo inconsciente que refletem suas crenças. A realidade que criam para si reforça o seu conjunto de crenças. Todos esses pontos de vista que não chegam a ser conscientes sugerem separação — ou seja, que cada um de nós é uma parte independente, sem qualquer traço que revele o fato de pertencermos a um todo mais abrangente. Com essa consciência, os empresários podem pensar que têm de controlar suas indústrias ou serão verdadeiros fracassos, ou que qualquer um que os veja vulneráveis irá tirar vantagem dessa vulnerabilidade. Podem pensar que têm de ser cruéis em

A maior responsabilidade

todas as transações de que fizerem parte, ou serão vistos como "fracos", o que será uma desvantagem.

Se a pessoa se atém a uma crença inconsciente de que o mundo tem algo contra ela — não contra todos, mas somente contra *ela* — é provável que permeie o curso da própria carreira com uma série de fracassos, ou vitórias que pareçam "milagrosas", em vista de todas as adversidades que teve de superar. Conheço várias pessoas que atraíram para si esse tipo de adversidade — estavam convencidas de que a sorte os abandonara, portanto podiam ganhar algum crédito por fazer um "milagre" e vencer sozinhas os obstáculos.

Uma maneira bastante simples de entender o ponto de vista de pessoas com essa visão de mundo é olhá-las como se estivessem convictas de que, se alguém ganha, alguém tem de perder. Essa visão é que perpetua o paradigma que sugere que *você* tem de perder se *eu* quiser ganhar; que alguém tem de *fracassar* se eu *vencer*, para que o meu sucesso ou vitória aconteça às custas do outro.

E o que dizer da guerra? Se considerarmos os seres humanos como seres isolados que adotam conjuntos de valores diferentes entre si, podemos facilmente acreditar que há os que acreditam em "X" e "outros" que acreditam em "Y" — os que acreditam exatamente no oposto. Portanto, "os outros" são maus e estão errados e "nós" estamos certos e somos bons.

Outro exemplo dessa mentalidade ou visão de mundo encontra-se na visão que se tem da fome no mundo. Alguém que acredite que o mundo seja um conjunto de egos separados, desprovidos de qualquer senso de totalidade, pode também acreditar que acabar com a fome seja absolutamente impossível, ao contrário do *The Hunger Project* [Projeto Contra a Fome], que vê o problema na distribuição, não na escassez.

Um dos motivos pelos quais sei dessa dinâmica específica é que ela já foi uma das minhas prediletas por um período consi-

A conquista de um mundo melhor

derável da minha vida. Por muitos anos, acreditei de modo inconsciente que nada de bom aconteceria a menos que eu *fizesse* acontecer. O que significava que eu acreditava que o universo fosse um tanto hostil. Como resultado, embarquei em aventuras muito arriscadas quando jovem, tais como a promoção de eventos dos quais o público jamais ouvira falar, pois tratava-se de produtos muito recentes, e eu sempre ficava desfalcado. Quando olho para trás, consigo ver o quanto desafiei o destino, quase pedindo o fracasso, considerando-se o meu descaso pelos riscos que corria em algumas das minhas aventuras.

Por outro lado, as pessoas que agem movidas pela idéia de que o mundo é um lugar acolhedor, um mundo que não guarda contra elas qualquer tipo de rancor, podem descobrir que o sucesso é muito mais fácil de conquistar, e tratar o próximo de modo muito diferente dos céticos.

A vida dessas pessoas está norteada pela idéia de que só vencem se os demais também puderem vencer, de que para conquistar o que desejam não é necessário que alguém perca ou que não consiga o que quer. Sua filosofia de vida inclui a idéia de que estamos todos ligados, de que somos partes de um todo maior e, ao mesmo tempo, ligados uns aos outros como uma família, como parentes consangüíneos.

No tocante aos conflitos e às guerras, essas pessoas se vêem como irmãos e irmãs — ligadas entre si no nível mais básico —, não como pessoas que procuram ferir ou matar umas às outras. O mesmo se pode dizer da violência de qualquer natureza. Como pode uma pessoa que vê o mundo como um conjunto de almas interligadas, que vivem uma grande experiência aqui na Terra, propor qualquer coisa que não seja a necessidade de superar as diferenças, dificuldades ou conflitos? Que pessoa em sã consciência, que de fato acredita que somos todos interligados e interdependentes, iria propor que começássemos a atacar uns aos outros com armas de fogo, granadas ou bombas?

A visão de mundo norteada pela interligação — esse novo paradigma — propõe um mundo em que "todos ganhem" em vez de um mundo em que "alguns ganhem", uma visão de mundo ao alcance de qualquer ser humano na Terra.

O que se pode fazer?

Muitas vezes, quando falo para grupos a respeito de uma mudança dessa dimensão, me perguntam "O que posso fazer?" O tom de desânimo em que geralmente fazem essa pergunta dá a entender que os que a fazem não se consideram capazes de fazer algo. Esse desânimo tornou-se uma epidemia. Talvez eu devesse dizer que evitar o sentimento de desânimo tornou-se uma epidemia. Essa epidemia de impotência justificada e os sentimentos não-demonstrados ou reprimidos de desânimo encontram-se no cerne de um ceticismo que se alastra pelas sociedades de todo o mundo.

Mas, cada ser humano é único — com virtudes, fraquezas, interesses e capacidades que variam amplamente. Às vezes fico intrigado com o milagre de seis bilhões de pessoas no planeta, cada qual um ser absolutamente único.

Parte desse meu caráter único é o fato de que sou capaz de trabalhar, escrever e falar neste contexto mais amplo, numa tentativa de traduzir ou simplificar os conhecimentos oferecidos por tantas pessoas experientes. Já que muitas delas escreveram ou ainda escrevem numa linguagem que pode ser desestimulante para um público leigo e mais amplo, que não esteja entre os seus pares e colegas, tento tornar suas idéias mais acessíveis para um público mais amplo, colocando-as numa espécie de "linguagem popular" para os não-eruditos e não-acadêmicos. É isso o que faço. Outros trabalham em outros níveis e de outras formas, nenhuma melhor ou pior do que a outra — apenas formas diferentes.

Visto que todos temos talentos e destinos únicos, há uma variedade inimaginável de formas pelas quais podemos ajudar a propor um novo paradigma. Mas também há certas ações das quais participamos diariamente, ações que reforçam o *status quo*, ou o velho paradigma, sem que nos demos conta. Também há ações que *não* fazemos, atos de omissão que fazem as coisas continuar a ser como são. Assim, para aqueles que talvez queiram saber o que podem fazer como indivíduos, aqui vão algumas sugestões que podem ser úteis.

Pare de fazer coisas que perpetuem o velho paradigma

Em primeiro lugar, há atividades das quais você deve se desligar definitivamente, caso as pratique. De modo geral, sugiro que analise se suas ações apóiam a vida, se são construtivas, se denotam amor ou se são feitas com integridade. Se forem, continue a fazê-las. Essas atividades colocam em perigo o seu senso do que é certo ou errado, ainda que sejam legais? Em caso afirmativo, deixe-as de lado. Lembre-se, é assim que o comércio justifica seu impacto sobre a nossa sociedade, usa a lei como medida de modo que "se não for ilegal, tudo bem". Algumas coisas que você também deve deixar de fazer:

Pare de Fazer Mal Uso da Sua Vida: Viver e trabalhar sem prazer, satisfação, alegria e crescimento espiritual plenos equivale a desperdiçar o seu tempo aqui na Terra. Pare já com isso.

Pare de Afastar Seus Semelhantes: Pare de fazer coisas que não aproximem as pessoas e que aumentam a distância entre elas. Deixe de lado o que não amplia a percepção que as pessoas devem ter de si mesmas e faz com que se retraiam — se diminuam.

Pare de Se Corromper: Se estiver fazendo algo que comprometa a sua integridade, pare já. Imediatamente! Pôr os nossos valores em risco, prosseguir fazendo algo que sabemos ser errado ou injusto, anti-ético ou imoral, envenena a alma. Mata a nossa espiritualidade. Pare.

Pare de Querer Impressionar: Pare de se colocar acima dos outros para se sentir melhor consigo mesmo. Esse tipo de visão vertical ou hierárquica incita atitudes semelhantes nos outros, o que acaba fazendo com que todos tentem desbancar uns aos outros. Vejo que esse tipo de atitude é muito comum principalmente nos EUA, onde o pequeno empreendimento tornou-se parte significativa da nossa cultura. A ostentação é o recurso usado por muitos para obter o sucesso nos EUA; pelo menos, é o que parece. Os consultores tentam se sobressair ao esnobar os que deixaram de ser seus clientes. Os executivos tentam se sobressair ostentando seus cargos, salários ou conquistas.

Também existem aqueles que tentam impressionar colocando-se *abaixo* dos outros por uma série de motivos. Esse tipo de comportamento também deve ser abandonado por ser nocivo a qualquer um.

Querer impressionar também significa *exibir* os próprios méritos, tornando-os comparáveis aos de outrem. O verdadeiro mérito vem de dentro, da sensação de poder autêntico, a despeito de fatores externos.

Lembro-me de uma conversa que tive com uma jovem com quem trabalhei no início dos anos noventa. Eu estava expressando minha curiosidade a respeito da nova leva de mestrandos em administração de empresas que não pareciam interessados em aprender. Raramente faziam perguntas, disse-lhe eu, buscando alguma explicação que ela pudesse oferecer, já que acabara de concluir o curso. Ela então me informou que, quando terminavam o curso, a maior parte dos alunos adotavam uma postura artificial como resultado das boas notas que obtinham. Sempre que tomavam parte nas discussões de classe, viam-se na obrigação de impressionar os demais com o que sabiam. Como resultado, haviam se habituado a demonstrar com esnobismo uma pseudo-sabedoria, em vez de sair em busca de uma sabedoria verdadeira.

Essa necessidade de impressionar está ligada a outra epidemia na nossa sociedade — o egocentrismo. O mundo não precisa de mais egocêntricos. O mundo precisa de pessoas que sejam diferentes *e* que atuem de um modo que demonstre responsabilidade pelo todo. Caso esteja se comportando de maneira egocêntrica, cresça. Aceite o fato de que ainda não amadureceu emocionalmente e procure tornar-se um adulto maduro. Filosofias tais como "o que eu tenho a ganhar" ou "os outros que se virem" são antiquadas e não serão toleradas na Era da Consciência.

Pare de Se Esquivar: Pare de negar que ajuda a manter o velho sistema. Não é verdade. Aceite esse fato e acostume-se a ele. Se você trabalha numa empresa ou para ela ou se compra algum tipo de produto, você faz parte desse sistema econômico tão opressor e desajustado. Você participa da produção de bens e da oferta de serviços ou os consome. Na maioria dos casos, as pessoas fazem as duas coisas. E quem não faz? Seria um grande desafio encontrar alguém que teve acesso a este livro sem ter desempenhado ao menos um desses papéis. Se você faz parte de um sistema, é porque contribui de alguma forma para mantê-lo.

Você pode deixar de apoiar qualquer sistema falho do qual faça parte. O mundo está abarrotado de sistemas que não funcionam muito bem. Muitos deles provocam mais mal do que

A maior responsabilidade

bem. A maioria está mais preocupada em garantir a própria manutenção do que em desempenhar as funções a que se destinam. Todos fazemos parte dos vários sistemas com os quais interagimos todos os dias — o sistema legal, o sistema educacional, o sistema político, o sistema familiar, o sistema econômico, os sistemas culturais e étnicos, e assim por diante. Pode haver centenas nos quais sequer pensamos. Se acaso você testemunhar algo que não for certo, e permanecer em silêncio e/ou se conformar com "o jeito de se fazer as coisas por aqui", estará dando credibilidade e legitimidade a esse sistema, reforçando-o a cada dia.

Pare de Mentir: Mentir é dizer algo que não é verdade, dar uma opinião como se fosse um fato, ou deixar que a mentira de outra pessoa passe despercebida. Mentir mantém a estabilidade dos velhos hábitos como a argamassa entre os tijolos. Se o rei está nu, cabe a todos à sua volta dizer a verdade para que se resolva o problema da nudez.

Pare de Procurar Consolo: Pare de se enganar, de procurar consolo quando tentar lidar com problemas, de ajustar suas idéias sobre a realidade para que se adaptem à sua visão inconsciente de um mundo ideal. Essa atitude é uma forma de apaziguar o ego por um período curto enquanto adiamos o destino que nos aguarda. Ela pode trazer satisfação por um tempo, mas podem aumentar a fantasia que nos impede de avançar no caminho do crescimento pessoal.

Arrisco-me a dizer que a fixação do mundo ocidental pelo consumo e a nossa obsessão pelos carros de último modelo, pelo computador de alta tecnologia (ainda que seja possível usar somente parte dos recursos dos aparelhos que já possuímos), e que os modismos atuais são, na maior parte, agrados que fazemos a nós mesmos como mecanismo de compensação. Damos uma injeção de ânimo em nossa personalidade —

um leve impulso — quando sentimos prazer com a nova aquisição, o novo brinquedo que compramos. Mas a alma sabe que essas coisas funcionam como simples agrados, desprovidos de substância espiritual que signifique algo a longo prazo.

Pare de Se Comportar como um Adolescente: Deixe de lado as atitudes de adolescente que acaso ainda mantenha. Visto que a maioria de nós ainda não atingiu a maturidade plena, com certeza há momentos em que agimos como se fôssemos adolescentes. Tente se lembrar desses episódios, em que você diz algo para agradar os amigos ou obter a aprovação deles. E o que dizer do desrespeito às regras, às leis do trânsito, e outros pequenos atos de rebeldia contra o resto da sociedade?

Pare de Se Rebaixar: Você rebaixa ou maltrata os outros ou a si mesmo, não necessariamente como vemos estampado nas manchetes dos jornais, mas de modos mais sutis? Você se censura ou censura os outros quando ocorre um erro? Você é muito rígido consigo quando se esquece de algo? Você se julga tanto a ponto de se castigar quando comete um erro? Você age da mesma maneira com as pessoas com quem se preocupa, com seu cônjuge ou seus filhos? Lembre-se, agressões verbais podem ser tão traumáticas quanto agressões físicas ou abusos sexuais sobre os quais se lê, quer sejam dirigidos a você ou a outra pessoa.

Pare de Ser Preconceituoso: Você tem preconceito contra alguém ou algum grupo de pessoas? Enxerga as diferenças de gênero, cor, origem étnica, religião ou qualquer outro aspecto da personalidade ou constituição de outras pessoas como base para julgá-las como criaturas inferiores ou subordinadas a você? Trabalha com pessoas que têm a mesma visão preconceituosa? Você tem noção da grande sinergia que aflora quando perspectivas diversas são representadas numa equipe de trabalho, ou numa vizinhança ou qualquer outro agrupamento de pessoas?

A maior responsabilidade

Se for preconceituoso, discreta ou abertamente, faça o que for preciso para enxergar o valor da diversidade. Por quê? Porque é assim que as coisas são, e o grupo privilegiado na mente do homem ocidental — os homens brancos, de meia-idade — são minoria na sociedade global.

Como homem branco de meia-idade e cidadão dos EUA, lembro-me de uma revelação que tive em 1998 que me incomodou muito. Eu estava participando de um seminário sobre a submissão da mulher no mundo e, de repente, me dei conta do quanto era privilegiado, meramente pelo meu sexo, raça e nacionalidade. Percebi a minha cumplicidade na submissão da mulher por achar esse privilégio natural. Foi difícil aceitar essa revelação, mas ela me transformou para sempre.

Pare com a Conspiração do Silêncio: Outra coisa que você pode parar de fazer é permanecer em silêncio quando discordar de algo que acontece na sua presença. As maiores epidemias no mundo atual são as "conspirações do silêncio", por meio das quais se perpetuam atos escusos porque ninguém se opõe a eles. O silêncio pode ser uma grande fonte de poder. Lembra-se do valentão da escola? Os valentões se valem do silêncio; contam com o silêncio das pessoas quando algo de errado acontece. O silêncio lhes confere poder sobre os outros. Faz com que mantenham o medo que as pessoas têm deles.

Lembro-me da parábola do "Paradoxo de Abilene" (divulgada por Jerry Harvey em 1988 em seu livro de mesmo título sobre gestão empresarial) em que um grupo de pessoas fez uma longa viagem a Abilene, no Estado do Novo México, num dia quente de verão. Fazia muito calor e havia muita poeira. Todos se sentiam mal, num carro lotado e sem ar-condicionado. Ficaram um pouco na cidade e retornaram logo em seguida. Num dado momento, alguém comentou que haviam sofrido um bocado. Um outro concordou. Depois, outro. Por fim, alguém perguntou de quem havia sido a idéia de ir a Abilene. Descobriram que ninguém fizera a tal sugestão! A idéia nascera de algo dito por acaso durante uma conversa, e foi ganhando corpo conforme o comentário se espalhava e, quando se deram conta, estavam todos a bordo de um carro abafado para fazer um passeio que ninguém queria.

Há vários "Paradoxos de Abilene" em nossa vida, que se tornam possíveis porque ninguém perguntou "Por que estamos fazendo isso?" ou "Quem quer ir?" ou ainda "Qual é o objetivo disso?" O resultado da conspiração do silêncio foi que todos daquele grupo sentiram-se mal fazendo algo que, no fundo, ninguém queria! Esse episódio pode ser facilmente comparado ao rumo que o mundo está tomando.

Pare de Evitar as Pessoas: Há alguns anos, comecei a caminhar diariamente. Por morar numa cidade, passo por muitas pessoas durante as caminhadas, e notei como a maioria dessas pessoas evita o meu olhar, apesar do fato de passarmos a poucos centímetros uns dos outros nas calçadas. Quando os nossos olhares se encontram, elas olham para outra direção imediatamente; geralmente, olham para o chão, mas, muitas vezes, para um objeto imaginário que parece lhes chamar a atenção. Se percebem que olho para elas, continuam a olhar para outros lados. Vejo essa aversão, essa recusa a estabelecer contato com outro ser humano, em quase todos por quem passo durante as minhas caminhadas. Será que temos tanto medo uns dos outros que sequer conseguimos nos cumprimentar com um simples "olá"?

Vejo essa aversão como símbolo de como estamos evitando a nossa consciência de muitas coisas. Ninguém nos programou, ou declarou que esta deveria ser a ordem das coisas, de modo que a conspiração tomou força silenciosamente. Usando o exemplo dos olhares desviados na calçada, fica fácil entender que, se as pessoas sempre deixam de reconhecer a sua pre-

Esta história anônima me foi enviada por um colega que a encontrou na Internet. Não reivindico os direitos autorais e não tenho meios de conhecer o autor. Mas ela enfatiza muito bem a questão abordada pelo Paradoxo de Abilene e sou muito grato a quem quer que a tenha inventado: Coloque cinco macacos num recinto. Pendure uma banana no teto e coloque uma escada embaixo da banana. Só é possível alcançar a banana subindo a escada. Faça com que toda vez que um macaco subir a escada, todo o recinto seja borrifado com água gelada. Em pouco tempo, todos os macacos aprenderão a não subir a escada. Agora... retire um macaco do recinto e coloque outro (o sexto macaco) em seu lugar. Em seguida, desative o borrifador. O novo macaco começará a subir a escada e será atacado sem piedade pelos outros quatro macacos, sem ter a menor idéia do motivo do ataque. Troque mais um dos macacos originais por um novo macaco e o mesmo acontecerá, com a participação do sexto macaco. Repita a operação até que todos os macacos originais tenham sido substituídos. Agora, todos os macacos vão evitar a escada e atacar qualquer macaco que tente subi-la, sem ter a menor idéia do motivo do ataque. Assim são formadas a política e a cultura das empresas.

sença quando você cruza com elas, é provável que você fique magoado, sinta-se insignificante ou sem importância. Em vez de sentir-se assim, você concorda com a situação e passa a agir do mesmo modo. Desse modo, não é necessário sentir coisa nenhuma. Claro que se paga um preço, tanto você quanto o outro: ambos estão rompendo a ligação entre os homens. Depois, ao anoitecer, quanto assiste às notícias na TV, você se pergunta por que as pessoas se tratam tão mal.

Veja se você não faz parte de uma conspiração em massa para nos *separar* uns dos outros e, se acaso estiver, deixe-a de lado. Talvez não consiga pôr fim à conspiração, mas pode deixar de fazer parte dela. Pode parar de lhe dar legitimidade.

Pare de Andar em Companhia de Céticos: Se muitas das pessoas com quem você passa seu tempo forem céticas em relação ao mundo e ao futuro de modo geral, afaste-se e passe menos tempo com elas. O sistema social no qual nos encontramos exerce grande influência sobre quem somos e o que pensamos; portanto, manter distância das pessoas negativas, resignadas e céticas é, de fato, um ato de amor-próprio.

Pare de Ignorar as Sombras: Se, por um lado, pode parecer fácil ignorar ou fingir que você não vê certas coisas na sua vida, na sua família e na sua organização, você paga um preço muito alto por ignorar esses aspectos defeituosos dos seus relacionamentos. Não é possível ter uma vida consciente enquanto você continua a fingir que "está cego" em relação a certos aspectos negativos de quem você é, de como se relaciona com os outros e das condições que você deixa persistir ao tapar o sol com a peneira.

Pare de Participar de Modo Tão Ativo do Ciclo de Produção e Consumo: O sistema de Produção e Consumo continua a avançar cada vez mais fora do controle, como um avião numa queda em parafuso. Ser parte integrante desse ciclo significa aumentar o vício da sociedade tal como se oferecesse vinho barato aos sem-teto ou bêbados nas ruas. Fazer parte dos sistemas que produzem bens que não são de fato necessários ou adquirir produtos que não são essenciais, ou fazer *ambas* as coisas (como a maioria de nós), você é parte do problema — quer queira, quer não. Se não consegue deixar o costume de lado de uma vez, pelo menos contenha-se.

Deixe de Ser Hipócrita: Pare de dizer às pessoas que apóia certas coisas que não apóia. Pare de abraçar valores que não segue. Pare de mentir para si mesmo, se for o caso. "Defenda" os seus valores e ponha fim à hipocrisia que permeia a sua vida.

Pare de Fazer Escolhas Irresponsáveis: Ponha fim ao ato de fazer escolhas e decisões inconscientes que aumentem os aspec-

A maior responsabilidade

tos problemáticos da sua vida, dos seus relacionamentos, do seu trabalho e do seu mundo. Se estiver atraindo realidades negativas para a sua vida, reconheça que há um lado da sua personalidade que não está ciente do que acontece com você e das escolhas que faz.

Comece a fazer coisas que facilitem o aparecimento de um novo paradigma

Assim como há vários atos e crenças que mantêm vivo o velho paradigma que se pode deixar de perpetuar, é possível fazer muito para facilitar a chegada de um novo. Esses atos e comportamentos promovem *união* — aproximam as pessoas como membros de uma família humana. Aqui vão algumas sugestões do que se pode fazer para promover essa união.

Comece a Dizer a Verdade: Fale o que for verdadeiro e correto com base na sua experiência. Isso inclui interromper e corrigir aqueles que mentem ou que passam informações incorretas ou que não condizem com a sua experiência; do contrário, o seu silêncio pode ser interpretado como aprovação ou consentimento, perpetuando a mentira e a ilusão.

Comece a Sentir: Estar em sintonia com as próprias emoções é o único e maior meio de ter uma vida mais espiritualista e de se tornar um ser humano mais consciente. Nesse sentido, os homens têm mais a aprender do que as mulheres, embora tenhamos todos o que aprender. Embora, em algumas partes do mundo, seja cada vez mais aceitável mostrar sentimentos em público, os sentimentos são muito reprimidos em todo o mundo. Além disso, a maioria das pessoas nem sequer sabe ao certo o que é sentimento. É possível ouvir esse tipo de comentário em suas conversas, quando dizem "Sinto que você está errado", o que é, obviamente, um *pensamento* descrito como *sentimento*.

Usar o termo "sentir" para expressar um pensamento não o transforma em emoção. Continua a ser pensamento, independente do nome que lhe atribuem. Pensamentos avaliam. Sentimentos, não. É simples. O uso disseminado de locuções como essas deixa claro que ainda temos um longo caminho a percorrer até compreendermos as nossas emoções.

Comece a Dialogar: O diálogo autêntico foi substituído pelo debate e pela polêmica, ainda que disfarçadas e sociabilizadas de modo educado. Travar um diálogo com alguém ou com um grupo de pessoas acarreta tanto o som quanto o silêncio — algo que raramente se testemunha nas interações de casais ou grupos. Se as pessoas falam às outras para mostrar que são mais informadas, que estão solteiras e disponíveis, que estão à procura de investidores ou por qualquer outro motivo, não há diálogo. O verdadeiro diálogo constitui-se da união das pessoas para fomentar o propósito dessa união. No diálogo, uma parte fica em silêncio e escuta se não tem o que dizer para contribuir com o aprendizado de ambas. O silêncio é valorizado. Alguém fala quando é motivado a falar. Manipular o próximo — para conseguir marcar um encontro, conquistar admiração, se vangloriar por qualquer motivo — é impróprio ao diálogo. O silêncio, por sua vez, é valorizado. Afinal, se algo tem de ser dito, também é necessário que alguém escute.

O diálogo só é possível quando todos os participantes concordam que o intercâmbio deve ser um diálogo em vez de um debate, uma discussão ou uma conversa informal (sobre o tempo, por exemplo).

Comece a Ser Você Mesmo: O seu destino espiritual pede que você seja quem é de modo absoluto e autêntico. Assim como Gary Zukav salienta em seu livro *The Seat of the Soul*, o ser autêntico não é a personalidade. Quando se está revestido pela personalidade, a sua imagem ou persona social é projetada, tal

A maior responsabilidade

qual o ator representa no palco o seu papel. O seu ser autêntico é quem você é de fato, o seu Eu verdadeiro, a parte de você que tem um propósito e um destino únicos neste mundo. Parece muito? Pode apostar que sim! Portanto, com a possibilidade de reconhecer o seu propósito na vida e de realizar o que lhe reserva o destino para esta existência, por que gastar mais um segundo vivendo a partir da sua personalidade e fingindo ser algo além do que é de fato, em essência?

Comece a Sonhar: Se ainda não encontrou o estímulo necessário para sonhar alto, não demore. Se já sonha alto, então sonhe ainda mais alto. Não falo de fantasias — situações ideais inventadas que jamais esperamos que aconteçam. Falo de sonhos como a criação de um leque de possibilidades cuja concretização não seja impossível, apesar do caráter grandioso da sua natureza. Sonhos e visões geram um contexto propício à realização de milagres. Nesse campo, a imaginação também desempenha um papel importante. Estimativas — em vez de expectativas — também desempenham um papel importante. A estimativa é um campo do qual não faz parte a natureza específica das expectativas. Afinal, para que aconteçam milagres, expectativas definidas podem ser limitadoras demais. A estimativa faz com que as coisas superem as nossas expectativas de modo surpreendente.

Comece a Pensar Sistematicamente: Se você ainda não conhece a Teoria Geral dos Sistemas, aprenda. Se não tem certeza de que pensa sistemicamente, procure saber aprender a respeito dessa teoria. Como afirmei anteriormente, pensar sistematicamente faz com que você enxergue grande parte da dinâmica em todas as relações da sua vida — pessoais, empresariais e organizacionais. Proporciona o meio de pensar que condiz com a vida complexa que vivemos atualmente.

Comece a Pensar de Modo Global: A maioria de nós se preocupa com os relacionamentos imediatos — família, colegas de

A conquista de um mundo melhor

trabalho e amigos — e presta pouca atenção ao que não pertence aos nossos círculos. Prestamos atenção aos noticiários e aos eventos que divulgam, mas pouco fazemos com a informação recebida além de somá-la ao nosso repertório para as conversas informais nos coquetéis e nos bate-papos. Para ser um cidadão do mundo responsável é necessário ter grande percepção da Natureza, das outras nações, e das situações do mundo. Sentir compaixão por pessoas em outras partes do mundo, estar atento aos países em desenvolvimento, e prestar atenção às diversas culturas são formas de expandir o pensamento para que se possa pensar globalmente. Sempre considerei a idéia de Buckminster Fuller da "Nave Terra" uma boa metáfora, destacando a necessidade de os humanos confiarem uns nos outros se quisermos sobreviver, como se estivéssemos todos a bordo de uma nave espacial. Pensaríamos de outro modo se soubéssemos que a sobrevivência de um depende da sobrevivência de todos nós — toda a "tripulação" da Nave Terra. E sobreviver é essencial se quisermos evoluir para um plano superior de consciência.

Comece a Expandir sua Consciência: Se ainda não estiver expandindo sua consciência, comece a promover seu crescimento pessoal — o seu desenvolvimento espiritual, emocional e psicológico — uma prioridade na sua vida. Sempre me entristeço ao ver tanta gente que parece resignada com a parte que lhes cabe na vida, sofrendo durante a vida na Terra, onde entregar-se ao desespero tornou-se uma forma de vida, e a resignação e o ceticismo são os antídotos. Mudar é sempre possível. É sempre possível mudar o modo de reagir às circunstâncias e de ver o mundo. Nunca é tarde ou cedo demais para começar a crescer.

Torne-se Adulto: Torne-se um adulto de verdade — emocionalmente, espiritualmente e mentalmente. Assuma a maturida-

A maior responsabilidade

de genuína e os modelos de comportamento e pensamento próprios do adulto.

Comece a Respeitar a Vida: Comece a valorizar e a respeitar tudo o que for vivo. Esse sentimento não se estende só aos golfinhos, às águias e aos bebês, mas a todos os habitantes do mundo. Inclusive você, a sua personalidade, a sua persona, e todos os componentes do seu Ser aos quais você não está atento, inclusive o seu lado oculto. Quando você perceber que não vive uma vida de respeito a tudo o que for vivo, faça o que for preciso para cultivar esse respeito.

Comece a Obedecer às Leis ou a Mudá-las: Já notei que muitos dentre nós que se consideram "pessoas íntegras" conseguem encontrar alguns setores em que não agem de acordo com as normas da sociedade que visam à convivência pacífica. Alguns ultrapassam os limites de velocidade ao dirigir. Outros burlam a declaração do imposto de renda. E outros avançam o sinal nos cruzamentos. Se você desobedece às leis da sociedade, não está agindo com integridade. Está infringindo as leis. Pare de trapacear. A saída é alterar as leis se não concorda com elas.

Comece a Descobrir suas Paixões: A paixão alimenta a alma. A paixão proporciona a seiva, o combustível para os sonhos, para sair em busca do próprio destino. Se não sente paixão pela vida ou pelo seu trabalho, comece a procurar e a rezar por ela imediatamente. Você não está na Terra para viver uma vida enfadonha, de servidão resignada, uma existência insípida.

Comece a Andar em Companhia de Otimistas: Comece a passar mais tempo com pessoas que refletem atitudes positivas sobre o futuro, sobre as pessoas e sobre o mundo. Não estou sugerindo que se cerque de idealistas que não têm qualquer noção da realidade em que vivemos, mas há muita gente com os pés na realidade que também têm uma visão muito saudável e positiva da vida. Comece a passar mais tempo com essas pessoas.

Comece a Procurar os Aspectos Obscuros da Sua Vida: Lance a luz da consciência sobre os "pontos negros" da sua vida, das suas relações e do seu trabalho ou organização. Esses nichos de inconsciência, afinal, roubam a nossa vitalidade, sugam a nossa força vital e revigoram o inconsciente coletivo que dá vazão a tanto sofrimento no mundo — o nosso e o dos outros. Saia em busca da escuridão com entusiasmo em vez de medo, sabendo que uma vida mais consciente significa mais felicidade, alegria e vivacidade.

Comece a Reduzir a Sua Participação no Ciclo de Produção e Consumo: Ao manter uma postura passiva neste sistema, você confere legitimidade ao desequilíbrio de todo o vício do mundo do consumo desnecessário e destrutivo. Se estiver atento a cada uma das suas escolhas ao produzir e consumir (ou ambos), você reduz naturalmente a sua participação.

Comece a Ser Autêntico: Quanto mais autênticos somos, mais consciência trazemos para o mundo. A hipocrisia diminui quando nos tornamos mais "verdadeiros" e genuínos, quando vivemos num patamar de fortalecimento autêntico — não de uma força artificial externa, mas da verdadeira força interior.

Comece a Fazer Escolhas Responsáveis: Direcione a sua atenção para todas as decisões e escolhas que fizer e examine as escolhas que tiver feito no passado, examinando o seu grau de consciência. Se estiver confuso quanto aos motivos de algumas delas, busque a consciência nessas áreas, lançando "luz" sobre esses pontos obscuros.

Comece a Procurar Oportunidades nas Crises: Veja que, ao mesmo tempo que é preciso reconhecer os perigos de qualquer crise, há oportunidades de crescer, aprender e evoluir para novos níveis pessoais, de relacionamento, organizacionais e sociais.

Comece a Amadurecer: Com o objetivo de tornar-se prudente e completamente adulto, avalie o seu nível de maturidade.

A maior responsabilidade

Examine o nível de maturidade das atividades das quais você faz parte, das pessoas às quais você se associa e dos sistemas nos quais você atua. Se a nossa espécie ainda vive uma fase adolescente e ainda está evoluindo, então faz sentido dizer que aqueles dentre nós que compõem a sociedade também estão evoluindo e se tornando cada vez mais maduros. Volte a atenção para esse processo e procure formas com as quais possa criar um nível de maturidade para si que sirvam a você e ao mundo.

Comece a Pôr em Prática a Tensão Criativa: Aprenda a viver com a tensão entre as projeções que você faz para a sua vida e para o mundo e o seu modo de ver a realidade agora. Tenha domínio sobre essa tensão e mantenha a sua visão sem sentir a necessidade de diminuir ou eliminar a tensão.

Comece a Tomar Partido: Tome um partido que possa mover o universo! Defenda aquilo em que acredita. Levante-se e lute pelos seus valores e suas prioridades, por essas visões e esses sonhos que cultiva para si, para a sua família, para os seus amigos e para o mundo.

COISAS QUE VOCÊ PRECISA DEIXAR DE FAZER	COISAS QUE VOCÊ PRECISA COMEÇAR A FAZER
1. Fazer mau uso da sua vida	1. Dizer a verdade
2. Afastar as pessoas	2. Sentir
3. Corromper-se	3. Dialogar
4. Querer impressionar	4. Ser você mesmo
5. Esquivar-se	5. Sonhar
6. Mentir	6. Pensar sistematicamente
7. Procurar consolo	7. Pensar de modo global
8. Agir como adolescente	8. Expandir sua consciência
9. Rebaixar-se	9. Tornar-se adulto
10. Ser preconceituoso	10. Respeitar a vida

11. Conspirar em silêncio	11. Obedecer às leis (ou mudá-las)
12. Evitar as pessoas	12. Descobrir suas paixões
13. Andar na companhia de céticos	13. Andar em companhia de otimistas
14. Ignorar as sombras	14. Procurar os aspectos obscuros da sua vida
15. Participar de modo tão ativo do ciclo de produção e consumo	15. Reduzir sua participação no ciclo de produção e consumo
16. Ser hipócrita	16. Ser autêntico
17. Fazer escolhas irresponsáveis	17. Fazer escolhas responsáveis
	18. Procurar as oportunidades nas crises
	19. Amadurecer
	20. Praticar a tensão criativa
	21. Tomar partido

Encontre sua paixão ou deixe que ela o encontre

Uma vida cheia de paixões é uma vida em constante análise. É claro que a auto-análise por si não é o suficiente. É preciso tomar uma atitude que seja resultado do que se descobriu durante essa análise. Conheço muitas pessoas que se testam constantemente, procurando cada rastro mínimo de restos de emoções do passado. Encontram uma mágoa aqui, uma afronta acolá. Transformam suas vidas num processo de limpeza sem fim, em que se repara em cada fresta do baú psíquico a fim de deixá-lo impecável. É claro que ele nunca fica totalmente limpo!

Não é dessa atitude que eu falo. Chega um tempo em que já se fez a limpeza necessária — as feridas do passado já foram curadas. É como quando se recolhem os restos de poeira com

A maior responsabilidade

uma pá — você já reparou que é impossível varrer todo o pó? Fica sempre um resíduo que se tem de ignorar e seguir em frente. O mesmo acontece com a vida que é analisada.

Chega um tempo em que você sabe que já limpou o suficiente e que é chegada a hora de começar a projetar o futuro e parar de insistir em curar o passado. Ademais, os exames que se fazem da vida têm de acontecer regularmente, não somente uma ou duas vezes, mas o quanto for necessário para manter a chama acesa. Às vezes, encontramos nossas paixões num estágio inicial da vida. Às vezes, nos nossos últimos anos de vida. Outras vezes, elas nos encontram! Analisar a própria vida é um processo contínuo que acompanha o indivíduo enquanto ele mantiver o compromisso com o próprio desenvolvimento espiritual.

Assim que você encontrar essa paixão (ou que ela o encontrar), por mais tênue que seja, há inúmeras maneiras de aplicá-la para mudar o mundo de alguma forma.

"À medida que aumentar o número de pessoas que atingem níveis superiores de consciência, essa inércia vai diminuir e, ao mesmo tempo, um impulso nessa nova direção começará a tomar força."

— Peter Russell, escritor,
The Global Brain

CAPÍTULO SEIS

Um novo programa para os negócios

Um projeto pelo qual senti muita paixão foi um relativamente recente no qual trabalhei com dezenas de pessoas, e que poderia influenciar de forma positiva o mundo todo em escala internacional.

No início de 1999, fiz parte de um grupo de empresários de visão que lançaram uma carta de intenções aberta ao público — uma espécie de credo — para o exercício dos negócios neste século. A idéia por trás dessa proposição era proporcionar um ambiente onde qualquer pessoa de qualquer parte do mundo que estivesse interessada em ver mudanças nas relações comerciais pudessem incluir seu nome no documento para que todos pudessem ver, gerando, assim, credibilidade e legitimidade para os valores e as prioridades expressos no documento.

Era uma espécie de versão contemporânea de uma petição afixada em praça pública para que todo cidadão pudesse ler e assinar caso apoiasse a causa em questão. A Internet, por ser o equivalente do quadro de avisos na atualidade, foi o local es-

– 153 –

colhido para afixar o documento. Todos reconhecemos que esse meio de divulgar a proposição impediria muitos de assinar o documento, uma vez que ter acesso à rede mundial de computadores era uma necessidade técnica. Mas supusemos que as pessoas a quem iríamos nos dirigir possuíam, em sua maioria, os recursos técnicos necessários; portanto, executamos os nossos planos de veiculá-lo na Internet.

Nosso grupo era formado por quarenta e duas pessoas de dezesseis países, que participaram da formulação do primeiro esboço da proposição, fizeram críticas e colocaram seus nomes como primeiros "co-assinantes" — um termo que criamos para descrever quem viesse a assinar o documento ou concordasse com os termos nele expostos.

Atribuímos ao documento o nome de "Programa do século XXI para os Negócios" e o descrevemos no subtítulo como "Uma Proposição Global para os Novos Valores e Prioridades da Empresa". Desde então, o documento passou a ser conhecido como o "Programa".

Enquanto a íntegra do texto do Programa contém uma série de princípios, a visão que ela encerra é bastante simples. Um dos parágrafos que contém a proposição do Programa é o seguinte:

> Nós, as pessoas abaixo assinadas, concordamos com os princípios incluídos no presente texto e defendemos o preceito: *um mundo no qual toda a comunidade empresarial serve à sociedade, com recursos e medidas que afirmem a vida, que sejam sustentáveis, humanistas e responsáveis por influenciar de modo positivo a evolução futura da humanidade.*

Além dos termos usados nesse documento (que, na verdade, consiste de duas partes — um "prefácio" e uma "proposi-

Um novo programa para os negócios

ção") acreditamos que seria muito importante que nenhum indivíduo ou grupo de indivíduos fosse identificado de modo diferente dos demais que assinassem o documento. Também acreditamos que seria igualmente importante para o sucesso do projeto que nenhuma pessoa ou organização fosse identificada como autora ou patrocinadora da proposição e que a mesma não *pertencia* a ninguém. Como resultado, não se cobram direitos autorais do Programa. Ele pertence ao mundo.

A idéia era divulgar essa proposição em sua própria página na Internet para que pudessem lê-la e "assiná-la" enquanto a visitassem. Isso evitaria o repasse de *e-mails* ou atividades como correntes de cartas e tornaria possível aos assinantes deixar seus nomes em um lugar para que o mundo os visse.

Para garantir o anonimato do grupo inicial de assinantes, decidimos que seus nomes seriam exibidos em ordem alfabética, para que não houvesse hierarquia entre os assinantes. Também concordamos que pediríamos aos assinantes que se inscrevessem pelo nome, cidade, Estado e país, e que incluíssem uma breve descrição de suas atividades comerciais para que os visitantes pudessem ter uma noção da diversidade geográfica e da credibilidade dos assinantes existentes.

O motivo era que, se acaso o Programa viesse a influenciar o *status quo* e conseguisse impressionar os atuais líderes empresariais com os argumentos gerados pela proposição, os assinantes deveriam parecer "confiáveis" aos olhos daqueles que desejassem influenciar. No velho paradigma, isso significa título, conquista, sucesso e posição social.

O grupo original convidou então alguns colegas e amigos para uma página provisória em que o Programa ficaria exposto temporariamente para que pudéssemos testar o processo de assinatura. A página provisória ficou aberta por uma semana e os convidados tentaram assinar, descobrindo pequenos problemas técnicos que foram corrigidos no prazo de uma semana. Até então, tínhamos 225 assinantes e estávamos prontos para "abrir o capital".

Em meados de julho de 1999, o Programa foi publicado em sua própria página. Eu a mantenho no meu *site*, sem quaisquer mecanismos que impossibilitem o acesso a outras páginas que não estejam de algum modo ligadas ao Programa. Não há nenhum motivo oculto ou escuso por estar no domínio da minha página. É uma simples questão de economia.

Incluímos uma carta modelo que as pessoas pudessem usar para convidar amigos e colegas para visitar a página, um formulário de inscrição para assinar e instruções para que as pessoas interessadas pudessem estabelecer uma ligação direta de seus próprios *sites* ao Programa. Este foi feito de tal modo que os novos assinantes pudessem ver seus nomes serem acrescentados à lista logo que efetuassem a assinatura.

Em seguida, todos os que haviam assinado foram estimulados a contar a novidade aos amigos, parentes e colegas — ou seja, a fazer uma festa! Todo assinante que se junta à crescente lista de adeptos concorda em promovê-la junto à sua rede de relações, além de abraçar os valores e prioridades mencionados na proposição.

A íntegra do texto do Programa está no Apêndice A desta obra, para que você possa lê-lo conforme a sua disposição e levá-lo com o livro. No entanto, para tornar-se um assinante, é preciso ter acesso ao URL do Programa, que é
http://216.218.199.230/THE-AGENDA.

Um lembrete: a página inicial do Programa é totalmente automatizada; não é supervisionada ou controlada por ninguém.

"Digite http://216.218.199.230/THE-AGENDA"

Um novo programa para os negócios

Recomendo que você visite a página, presumindo que esteja de acordo com os princípios da proposição. Conforme a lista aumenta, e cada novo assinante dá a sua contribuição, cresce a credibilidade desses princípios de modo que, em algum momento, os segmentos de maior destaque da comunidade empresarial percebam a aceitação recebida por esses princípios e comecem a lhes prestar mais atenção. Nesse dia, o Programa terá alcançado o seu objetivo — uma nova cosmologia para o mundo dos negócios.

"O passado ficou para trás... o futuro é outra questão. É um leque cheio de possibilidades."

— Howard Didsbury, Jr.
Frontiers of the 21st Century:
Prelude to the New Millennium

CAPÍTULO SETE

A volta para casa

Como disse Albert Einstein há muitos anos, não podemos resolver nossos problemas com a mesma consciência — o mesmo pensamento, a mesma lógica ou as mesmas idéias — que lhes deram origem. Ele nos disse que o nosso pensamento estava ultrapassado há mais de meio século! Com o passar das décadas, os seres humanos continuam a aplicar idéias obsoletas a problemas novos. Não prestamos a devida atenção ao conselho de Einstein, mesmo ante provas cada vez mais claras de que ele estava certo.

De certa forma, adaptei essa observação ao afirmar que não podemos resolver os problemas do século XXI com o pensamento do século XX. Do mesmo modo que a nossa sociedade cresceu e tornou-se mais complexa, também deve crescer o nosso pensamento — a nossa consciência.

A menos que mudemos nosso modo de pensar (e passemos a agir), o futuro que nos aguarda reserva quantidades ainda maiores do que já temos agora — a perda contínua do sentimento de comunidade, o ceticismo, a alienação e a descortesia cada vez maiores. Essas tendências aumentarão até que se tornem irreversíveis. Um futuro assim é inevitável se nada fizermos para alterar o rumo para o qual seguimos.

O *outro* futuro pode ser criado por nós... uma capacidade que temos pela *primeira vez na história da humanidade*. Esse futuro almejado é possível se mudarmos nossa maneira de pensar. Não tenho a intenção de mudar aquilo *sobre* o que se pensa — o conteúdo dos nossos pensamentos. Falo da mudança da própria base do nosso *modo* de pensar — o que os acadêmicos chamam de "visão de mundo", a maneira como vemos o mundo e o modo como nos relacionamos com ele e com tudo que ali se encontra, inclusive a Natureza e o cosmo.

Afinal, não acreditamos que este seja o estágio final da nossa evolução. Algum ser pensante é capaz de acreditar sinceramente que já atingimos o nosso pleno potencial como seres humanos?

A raça humana encontra-se *em meio a* uma corrida entre esses dois futuros possíveis — o "futuro inevitável", uma parceria voltada para a criação que formamos com o Divino, aceitando nosso destino como seres conscientes e espirituais numa forma física.

O destino da humanidade

Nossa herança Divina — crescer e evoluir em todas as dimensões sem limites ou restrições — é um direito que nos compete desde o nascimento. Estados de consciência cada vez mais elevados estão ao nosso alcance, desde que estejamos sempre dispostos a crescer, a viver em conformidade com todas as forças, materiais ou imateriais, físicas ou não. Afinal, fazemos parte de um todo — somos aspectos do Divino —, com oportunidades magníficas de sinergia como resultado desse relacionamento reconhecido de modo consciente. A sinergia proporciona muito mais do que a soma das partes individuais e a sinergia com

A *volta para casa*

o Divino encerra infinitas possibilidades, abençoadas com visão, alegria, saber, plenitude e autenticidade.

Entretanto, para cumprir esse destino é preciso deixar de lado o nosso velho modo de pensar — cercado de limitações, medos, mediocridade, ceticismo, fatos passados e pretensões. Foi esse o pensamento que nos trouxe à fase atual da nossa evolução. No entanto — e esse pode ser o ponto principal de todo este tratado —, é chegada a hora de deixar esse pensamento de lado e adotar uma visão de mundo e uma mentalidade novas, um processo semelhante ao da mudança no modo de pensar convencional, que teve de acontecer, há alguns séculos depois das descobertas de Copérnico a respeito dos planetas. De várias formas, as pessoas tiveram de deixar para trás a sua maneira de conceber a realidade. Tiveram de adotar um modo totalmente novo de ver a realidade, um modo que era totalmente contrário ao que antes consideravam "verdadeiro".

Criar um futuro sustentável e seguro será mais fácil se as instituições mais influentes do mundo reconhecerem essa possibilidade. As instituições de maior poder e influência atualmente são, sem dúvida, as do setor comercial, a empresa moderna. Quer queira, quer não, o comércio impulsiona o resto da sociedade. A economia move *tudo* nos dias de hoje, quando os países não-desenvolvidos tentam se equiparar ao Ocidente e *ser iguais a nós*. Se o resto do mundo conseguir fazer tudo "igual a nós", é muito provável que caberá a nós articular o futuro inevitável.

As empresas que mantiverem seus vagões nos trilhos desse futuro inevitável poderão ter uma surpresa desagradável nos próximos anos. Por outro lado, as pessoas e organizações que se tornarem mais responsáveis pelo futuro e nos levarem a criar um "futuro de possibilidades" poderão vingar — iluminando o caminho para um mundo realmente transformado.

Estou convencido de que um futuro preferível — certamente preferimos um futuro de possibilidades a um futuro inevitável — nos aguarda além dos portões da nossa atual realidade — e encontra-se ao nosso alcance se mudarmos o nosso modo de pensar sobre o que é ou não possível.

A empresa consciente

As empresas que aderirem a esse processo criativo — essa experiência máxima de colaboração — trilharão um caminho de possibilidades inimagináveis para todos! E quem não gostaria de fazer parte de uma experiência dessas — de criar um futuro cheio de possibilidades? Como empresário veterano, estou certo de que, assim que a comunidade empresarial enxergar a possibilidade — não sob a forma de uma fantasia da Nova Era, mas como realidade viável —, ela caminhará com passos firmes e assumirá a liderança com grande entusiasmo.

Assim sendo, como se podem implementar essas idéias maravilhosas? Como uma empresa na momento econômico caótico de hoje ganha consciência?

Lembra-se dos Quatro Domínios da Realidade, de Berenson?

Possibilidade e Pragmática vivem em dois domínios ou reinos distintos. O domínio da possibilidade habita um reino de mais criatividade, mais contextual e abstrato. Como o "contexto dos contextos" — o lugar de onde surgem a nossa experiência e o pensamento subseqüente —, esse domínio não encerra forma e conteúdo. Esses aspectos vivem em domínios diferentes — muito mais conhecidos por nós que fomos criados no Ocidente ou nos países mais industrializados.

Por outro lado, o domínio contextual e da criatividade — também conhecido como o domínio da espiritualidade — é discutido com muito menos facilidade. As conversas travadas nesse domínio são geralmente incômodas e estranhas, principalmente nos círculos empresariais, e, portanto, são geralmente evitadas.

Nesse domínio ou esfera de possibilidade — o domínio da criatividade — encontra-se a energia criativa que acaba gerando os processos que resultam na forma e no conteúdo com os quais estamos todos tão acostumados. É nesse domínio que residem os ideais. É nesse domínio que reside a vontade. É esse o meio freqüentado pelo espírito de ajuda. Esse é o domínio que acaba por oferecer as respostas que as pessoas procuram. Estratégias, práticas e regras que surgem de outros domínios, ao mesmo tempo que excluem o domínio que dá origem ao contexto, estão fadadas ao fracasso — é como reorganizar as espreguiçadeiras no convés do Titanic, enquanto o navio prossegue sua rota, em direção ao *iceberg*.

Algumas das atividades realizadas por muitos para "salvar o planeta" estão ligadas à forma e conteúdo. Reciclagem, gestão participativa e tecnologias de produção mais limpas são de grande valia, mas não alteram por si os paradigmas. Elas prolongam a viabilidade do velho paradigma, aumentando a sua utilidade para mais um ou dois momentos relativos, considerando-se a evolução cronológica da humanidade. Mas essas atividades não transformarão o sistema por si, nem mudarão o paradigma.

Lembro-me de outro conceito de Berenson. Ele fala das pessoas que fazem o melhor possível para tornar sua condição de vida mais tolerável. Assim, os que acreditam que o mundo esteja contra eles e que a vida seja difícil, e que o universo seja um lugar hostil e desagradável, podem acumular muita riqueza, ou ter grandes amantes, ou se cercar de vários amigos. Atividades motivadas por um desejo de "tirar o máximo" proveito da situação, de acordo com as circunstâncias, poderiam ser apenas prêmios de consolação ou compensações para fazê-las se sentir melhor com o estado das coisas. Ele compara o contentar-se com essas pequenas compensações a "decorar uma cela" — uma expressão que tem me acompanhado ao longo dos anos.

O respeito ao contexto

As organizações que se conformam com as adaptações — que aceitam mudanças na forma ou no conteúdo, sem examinar o contexto subjacente à sua existência ou propósito — morrerão lentamente. Deixarão de existir por estar em desarmonia com as forças da evolução.

Para podermos chegar aonde queremos em nossas empresas, precisamos respeitar o contexto sem fazê-lo passar por "infundado", "irracional", "não comercial" ou qualquer outro rótulo desabonador. O domínio contextual é também aquele de onde surge a verdadeira liderança, uma vez que liderança genuína está intimamente ligada à visão. A liderança transcendental — a qualidade que faz com que os líderes expandam suas consciências para além do paradigma físico existente — possibilita aos líderes adotar o lado espiritual da vida como parte da rotina.

Se se quer dar à empresa a chance de "alçar vôo", *os líderes empresariais e os gurus devem se familiarizar com o domínio contextual.*

Nós do Ocidente gostamos de modelos simples, fáceis de compreender e tangíveis. As questões intangíveis ou mais complexas nos desanimam. *Isso tem de mudar!*

Cada um de nós deve encontrar o próprio caminho para realizar a transformação pessoal a fim de aceitar as mudanças de paradigma no âmbito organizacional. Mas não há modelos prontos, fórmulas mágicas, simpatias ou quaisquer outros meios simplistas que nos mostrem como conseguir essa mudança de mentalidade.

Afinal, estamos lidando com um mundo complexo, cheio de sistemas cada vez mais complexos. Portanto, é preciso começar a pensar de modo mais sistêmico, mais complexo. E, por favor, note que não estou dizendo mais *complicado*. Estou dizendo mais *complexo*.

O ponto de partida

Uma vez que mudemos a nossa mentalidade, saberemos o que é preciso fazer nos domínios da forma e do conteúdo. Afinal, temos a tecnologia e o conhecimento necessários à nossa disposição. Uma vez que acreditemos na possibilidade de um futuro melhor, que sejamos capazes de prevê-lo e saibamos o que queremos que aconteça, teremos o *know-how* necessário. Mas tudo começa com o nosso modo de pensar e com a consciência que trazemos para a nossa vida e para o nosso trabalho.

Não nos faltam informações. Mas falta-nos consciência. Falta-nos sabedoria.

Nenhum esquema ou modelo, nenhum conceito pode provocar uma mudança real e significativa. Só as pessoas podem, pessoas que trazem novas soluções para velhos problemas — como Einstein mencionou no início do século. As pessoas que trazem essa nova consciência não precisam de credenciais ou de cargos de grande influência. Precisam somente da vontade e intenção sinceras de pensar de modo diferente.

Os líderes do novo milênio serão pessoas comuns que farão coisas extraordinárias trabalhando em conjunto com outras pessoas comuns.

Para fazer essa mudança, para moldar essa mudança histórica de paradigma, precisamos partir de algum lugar, de algum ponto no tempo, de alguém.

Onde começa a transformação? Começa *aqui...*

Quando começa? Começa *agora...*

Quem começa? *Você e eu!*

APÊNDICES

Apêndice A: Programa do século XXI para os Negócios
Apêndice B: "Projete um Futuro Melhor" — artigo da revista
Industry Week
Apêndice C: Fontes

"Os nossos atos, o que fazemos e como fazemos, expressam os nossos valores.
Os nossos atos nunca contradizem os nossos valores:
os nossos atos são os nossos valores."

— Robert Rabbin, autor de *The Sacred Hub*

APÊNDICE A

Programa do século XXI para os negócios

Uma proposição global para os novos valores e prioridades da empresa

"Os problemas não podem ser resolvidos no mesmo nível da consciência que os criou."

— Albert Einstein

O sociólogo Paul Ray descobriu que, somente nos EUA, mais de 44 milhões de pessoas estão adotando novos valores e modos de se relacionar entre si, com o ambiente, com o sucesso e com a espiritualidade. Essas descobertas foram publicadas pela primeira vez em 1994 e os números continuam a crescer. Isso indica uma nova tendência mundial para a adoção de novos valores e prioridades nos negócios, bem como uma crescente receptividade com relação a eles. Esse Programa pode servir de espaço para algumas dessas milhares de pessoas bem como para seus semelhantes em outros países para expressar seu apoio a esses novos valores e prioridades.

Os princípios* deste Programa estão em sintonia com os valores e prioridades descritos por vários homens de visão que

---

* Princípio: crença ou doutrina cuja verdade geralmente não é questionada... algo que os membros de uma organização, movimento ou profissão têm em comum (Webster).

A conquista de um mundo melhor

previram novos futuros para a humanidade. Essas visões incluem, entre outros, a "Segunda Revolução Copérnica", de Willis Harman; a "Era da Consciência", de Peter Russell; o "Modelo de Parceria", de Riane Eisler; a "Liderança Servil", de Robert Greenleaf; o "Novo Paradigma", de Michael Ray; a "Organização Aprendiz", de Peter Senge; a "Empresa Caórdica", de Dee Hock; o "Renascimento da Empresa", de Rolf Osterberg; a "Era de Valorização do Conhecimento", de Taichi Sakaiya; a "Era do Paradoxo", de Charles Handy; a "Terceira Onda", de Alvin Toffler; "O Passo Natural", de Karl Henrik-Robert; e outros que defendem possibilidades semelhantes.

Este documento foi idealizado por um grupo informal de pessoas ligadas à atividade empresarial, que se preocupam com o estado atual do mundo e com as relações entre a comunidade empresarial e o resto da sociedade mundial, e que têm uma perspectiva visionária e transcendente da vida e do trabalho. As pessoas e organizações que apóiam os princípios desta resolução são convidadas a incluir seus nomes na lista anexa ao documento.

O texto a seguir é composto das seguintes partes:
— Um breve Prefácio que apresenta o conteúdo do Programa e instruções para a adesão à lista de assinaturas do Programa.
— A Proposição em si.
— Uma lista dos atuais assinantes.

Prefácio

As empresas tornaram-se a instituição mais influente em todo o mundo. Dentro da comunidade empresarial em todo o mundo, há um renascimento espiritual em ebulição. Muitos têm clamado por "empresas conscientes" — empresas que reunam os princípios da inter-relação, da responsabilidade, da compai-

Apêndice A

xão e da ecologia global em suas transações comerciais. Nos últimos anos, periódicos como *The Wall Street Journal, Business Week, Chief Executive*, dentre outros, abordaram essa tendência da filosofia da empresa.

Chefes de Estado defendem um sistema econômico de "terceira via" — nem o comunismo, nem a versão atual do capitalismo — mas um novo sistema que fomente um mundo de mais compaixão, generosidade e segurança. Para os que estão cientes dessas tendências, é óbvio que algo muito grande está por vir — uma transformação social de grandes proporções — e a empresa pode desempenhar um papel importante.

Um número cada vez maior de homens e mulheres no trabalho tem o enorme anseio de se juntar a outros que compartilham o seu desejo de ver a empresa assumir um papel responsável e construtivo nessa transformação. Alguns formaram grupos ou associações que já lhes proporcionaram o sentimento de fazer parte de uma comunidade. Outros participam de grupos de discussão pela Internet ou de comunidades virtuais. Alguns organizaram conferências, retiros e outras reuniões em que essas "comunidades de interesses" podem se unir para discutir questões e idéias em comum. Mas como podemos expressar nosso interesse e apoio e endossar esses novos valores e prioridades por meio de ações em conjunto?

Coloque o seu nome na lista e ajude a mudar o mundo

Assinar este Programa é uma forma de apoiar uma proposição que pode mudar o mundo. Não há custos ou obrigações de qualquer natureza. Não há líderes, reuniões, hierarquia entre os membros, taxas de filiação nem estatutos. Basta acrescentar o seu nome a uma declaração de valores e prioridades com as quais concorda.

É simples!

Interessa?

A conquista de um mundo melhor

Pedimos a gentileza de ler a seguinte Proposição e ver se está disposto a dar o seu apoio. Se você concorda com esses princípios, valores e prioridades; se concorda em apoiá-los e segui-los e se comprometer a usá-los como guia de suas atividades comerciais, considere a possibilidade de ser um co-assinante. Basta informar seu nome, cidade, país e título ou filiação com os que já apóiam a idéia.

O que significa ser um co-assinante

Tornar-se um co-assinante significa fazer uma contribuição muito importante para este Programa — acrescentar seu nome! Junto com o seu nome, você empresta sua reputação, crédito, seu ponto de vista sobre o que importa, intuito, ideais e o compromisso de realizar grandes mudanças na maneira como a empresa se relacionará com o resto da sociedade e com a Terra no futuro. Aqueles que contribuem com os seus nomes e com o de suas empresas conferem legitimidade a esses valores. *Doamos* sem esperar *receber* algo em troca, exceto um futuro melhor.

Como tornar-se co-assinante

A fim de assegurar a veracidade das informações prestadas, somente pessoas com *e-mail* e acesso à rede próprios podem assinar o Programa. Para tornar-se um co-assinante, leia o documento e preencha o formulário. É importante notar que o número de caracteres reservado para a inscrição do seu nome limita-se a 125 letras ou espaços. Não serão publicadas informações que viabilizem o contato direto com os co-assinantes.

Informe outras pessoas

Caso conheça pessoas que tenham acesso direto à rede e que possam se interessar pelo projeto, diga-lhes onde encontrar o Programa para que possam tornar-se co-assinantes. Pedimos que nos ajudem a divulgar o Programa para o maior

Apêndice A

número de pessoas possível. Informe também os colegas que possam se interessar. Caso você ou a sua empresa tenha uma página na rede, pedimos que faça um *link* entre ela e a página do Programa, para que as pessoas que visitarem a sua página possam também visitar o Programa. Você pode usar o <u>exemplo de convite</u> para informar a outras pessoas sobre a existência do Programa e convidá-las a assinar a lista também.

A *proposição*

Nós que assinamos o seguinte documento concordamos com os princípios que ele encerra e concordamos com a seguinte visão: ... *um mundo no qual a comunidade empresarial sirva à sociedade de forma sustentável e humanista, que apóie a vida e seja responsável por exercer influências positivas sobre a evolução da humanidade.*

Assim sendo:

1. Reconhecemos que: a) a humanidade enfrenta graves crises em vários setores, que não podem ser resolvidas apenas por meio da tecnologia; b) a industrialização do mundo em desenvolvimento e do mundo subdesenvolvido estão levando essas crises a um ponto de irreversibilidade; e c) é necessária uma nova consciência para resolver esses problemas.

2. Acreditamos que todos os seres humanos são interdependentes.

3. Reconhecemos que, no momento, a comunidade empresarial é uma das maiores influências — positiva ou negativa — para a sociedade, seus valores e prioridades.

4. Acreditamos que, por exercer tamanha influência, a empresa tenha a oportunidade de assumir um papel construtivo e responsável na transformação da sociedade. Acredita-

A conquista de um mundo melhor

mos também que a empresa tem um propósito tanto social quanto econômico.

5. Reconhecemos que várias organizações estão adotando posturas menos centralizadoras por perceber o valor da colaboração como meio de lidar com a complexidade indiscutível do mercado e que essa descentralização representa a mudança de uma relação hierárquica para uma relação comunitária.

6. Reconhecemos que as práticas, os valores e os princípios da empresa podem ser mudados.

7. Cremos que o verdadeiro poder e capacidade da empresa possam ser despertados e aumentados quando se reconhecem poderes superiores aos reconhecidos pela ciência, e que o amor, a generosidade, a compaixão e os valores espirituais independentes de crenças religiosas têm um lugar nesse novo paradigma da empresa.

8. Sabemos que uma mudança tão grande deverá ocorrer quando houver uma transformação no cerne da mentalidade das pessoas, do mundo industrializado e das nações que almejam "se equiparar ao Ocidente"; e que a empresa tem um poder transformador para atingir essa meta.

9. Reconhecemos os apelos para um paradigma da era pós-industrial, um paradigma que acolha um pensamento radicalmente novo e receptividade com relação a idéias antes descartados pela filosofia das empresas e pelo pensamento das lideranças.

10. Sabemos que o pensamento tradicional a respeito dos propósitos da empresa sustenta o *status quo* e que a transformação só pode ocorrer se esse pensamento e as suposições subjacentes forem desafiados.

Apêndice A

Fica estabelecido que:

Em reconhecimento a essas afirmações, concepções e crenças, nós, os abaixo-assinados, junto às nossas organizações, firmamos o seguinte compromisso:

1. Defender a Vida: atuar no comércio com o firme propósito de apoiar, afirmar e defender a vida e a Natureza, criando um futuro otimista e um mundo que seja seguro por muito tempo; deixar de promover o consumo excessivo e desnecessário.

2. Equilibrar o Foco Econômico: reconhecer que gerar lucros é necessário para uma empresa, mas não o único propósito de sua existência; empregar medidas financeiras justas para a sociedade e para o meio ambiente; ter mais consciência do quanto a economia domina a nossa sociedade.

3. Agir com Integridade: reconhecer a interdependência de todas as coisas e o fato de que cada ser humano é parte de um todo maior, a fim de que surja um pensamento holístico íntegro, verdadeiro e honesto.

4. Ser Socialmente Responsáveis: com um espírito de zelo, atuar no cotidiano das relações empresariais com a consciência do impacto da empresa sobre a Natureza e a humanidade, implementando o exame da sociedade e do meio ambiente a fim de que se possam determinar os verdadeiros custos dos recursos utilizados.

5. Honrar a Comunidade: levar em conta todos os acionistas que são afetados pela empresa, inclusive os funcionários, os vendedores, os clientes, os proprietários e os acionistas, o meio ambiente, as comunidades em que as empresas se estabelecem; contribuir para um espírito de comunidade saudável entre os acionistas, valorizando-os como indivíduos e como grupo; promover o diálogo e a conversa verdadeira entre as partes.

A conquista de um mundo melhor

6. Dar Valor a Todos: honrar e respeitar cada indivíduo, independentemente das suas diferenças; reconhecer e aceitar cada indivíduo; reconhecer o valor da diversidade.
7. Respeitar o Ser Humano em Sua Totalidade: levar em conta e respeitar o espírito humano assim como o ser humano físico e racional; valorizar a estética e os aspectos imateriais do trabalho, bem como os aspectos econômicos e materiais.
8. Honrar e Respeitar as Emoções: apoiar e incentivar a compreensão e a expressão saudáveis de todas as emoções humanas.
9. Expor as Idéias em Público: promover esses valores e prioridades de modo explícito entre colegas e amigos, para que cada vez mais pessoas e empresas possam firmar compromissos semelhantes, contribuindo, desse modo, para um futuro positivo para todos.

OBSERVAÇÃO: Uma lista de co-assinantes acompanha o texto da Proposição do Programa. Para ver toda a página do Programa, dirija-se a http://www.renesch.com/THE-AGENDA e junte-se aos outros assinantes da lista.

APÊNDICE B

Revista Industry Week, 6 de maio de 1996; série "On the Edge":

"Projete um futuro melhor"
Perry Pascarella

Empresário durante toda a sua vida — promovendo ciclistas, pilotos de corrida e investimentos imobiliários — John Renesch fundou a Sterling & Stone em San Francisco em 1989, uma empresa de prestação de serviços de consultoria sobre operações comerciais. Seu objetivo era auxiliar empresas que estavam tentando desenvolver uma nova consciência no universo empresarial. Quando um amigo não superou as dificuldades com o capital, ele passou a produzir o boletim The New Leaders. *Mais tarde, ele acrescentou à edição o impresso* New Leaders Press, *para publicar livros como* The New Entrepreneurs, Leadership in a New Era, *e* Rediscovering the Soul of Business, *e, atualmente, está produzindo* The New Bottom line. *Renesch consulta seu arquivo mental para selecionar escritores de todo o mundo para essas compilações sobre assuntos de liderança. Durante o período de 1990 a 1992, Renesch também atuou como diretor administrativo da* World Business Academy, *cuja missão é proporcionar oportunidades para que pessoas do meio empresarial possam travar conversas importantes sobre o papel da empresa como líder na sociedade. Dentre os termos que definem a missão da Sterling & Stone*

– 177 –

está a promessa de "estimular o espírito humano no ambiente de trabalho e o surgimento de uma nova consciência na empresa".

Agora que o ramo dos esportes automobilísticos fazem parte do seu passado tão diversificado, John Renesch participa da maior de todas as corridas. Está convencido de que temos de avançar para uma nova consciência — para o próximo estágio da evolução humana —, antes que o nosso sistema sofra um colapso. Ele acredita que a empresa tem a maior parte da responsabilidade de começar a mudança e que esse começo é uma mudança de consciência. "Acabou a lua-de-mel da era industrial. O descontentamento com o paradigma da indústria é cada vez maior. Hoje vemos o preço que pagamos pela industrialização do ser humano. Acredito que a comunidade empresarial especializou-se numa coisa ou outra, mas funciona mal do ponto de vista holístico. As empresas fizeram da sobrevivência uma arte. Mas olhe o rastro de sangue que deixaram para trás: pessoas aviltadas, pessoas a quem se pede que façam coisas que vão contra os seus princípios, pessoas exploradas, pessoas exaustas." Além disso, muitos questionam antigas suposições sobre o nosso grande vício de consumir. "Compramos coisas das quais não precisamos, e temos mais opções de produtos do que o necessário. Se este país está consumindo a metade dos recursos do planeta, e se o resto do mundo aspira a consumir na mesma proporção, a coisa não vai funcionar. Se conseguirem o que querem, haverá supertributação dos nossos recursos. Nós, a sociedade mais consumista do mundo, teremos de mudar os nossos padrões de consumo drasticamente.

"Pode parecer que sou contra a empresa, mas atuo no ramo desde os dezoito anos. Na maior parte do tempo, tive de fazer algo acontecer. Eu era o empreendedor.

"Várias empresas vão ter de diminuir ainda mais. Várias vão morrer, e algumas delas já sabem disso. Há empresas que

Apêndice B

não deveriam mais estar funcionando. Já fizeram a sua parte. Precisam de uma redefinição completa das suas missões. Deveriam aproveitar todo o seu talento e fazer outra coisa com ele." Sorrindo ao considerar a possibilidade de um grande avanço, ele pergunta: "E se juntássemos todo o nosso capital, todos os nossos recursos, todo o nosso pessoal e os colocássemos para fazer algo de que toda a sociedade precisasse?"

Cada vez mais pessoas percebem que o sistema não as satisfaz mais, acredita Renesch. "Todo sistema desenvolvido para oferecer segurança para o cidadão norte-americano está em colapso. Não se pode ter garantia de emprego. Não se pode esperar garantia de assistência médica. O sistema jurídico tomou conta do setor. Todo sistema que criamos para proporcionar segurança e assistência está defeituoso.

"A dor e a angústia, do fim dos anos oitenta e início dos noventa, levaram as pessoas a fazer perguntas mais profundas. Como nação, nos tornamos extremamente opulentos, mas ainda resta um vazio. Como diz a canção: 'É só isso?' O próprio Renesch fez parte da corrida maluca pelo dinheiro nos anos oitenta. Em meados da década de setenta, ele passou pelo que chama de crise de meia-idade. "Estava decidido a fazer dinheiro de verdade. Abri uma empresa de investimentos imobiliários com um sócio. Levantar fundos tornou-se uma parte importante da minha vida. Tínhamos um retorno fabuloso. Mas, em 1983, senti que era hora de começar a fazer algo de bom pelo mundo."

Para Renesch, a crise mundial é mais do que uma questão de preservação de recursos. Seu alvo, o comprometimento com o espírito humano, está muito além de preservar recursos materiais. "O espírito é a centelha que nos mostra que estamos vivos. Quando o trabalho é significativo, quando alguém faz seu trabalho com paixão, há uma sensação de vigor, de exuberância do espírito humano", diz o autor.

A conquista de um mundo melhor

Os ambientalistas trabalham para restringir o consumo, mas Renesch luta para apressar uma mudança de consciência — uma transformação maior. "Há pessoas demais perdendo tempo pagando a hipoteca da casa, sentindo a necessidade de se entorpecer de alguma forma — assistindo à televisão, afastando-se das pessoas, consumindo substâncias tóxicas — só para passar o tempo. O Sonho Americano foi muito distorcido", diz Renesch. "Tornou-se um sonho voltado para o consumidor. O Sonho Americano dos pais da nação tinha um embasamento muito espiritual. Em algum momento, depois da Segunda Guerra, o Sonho Americano mudou.

"Creio que este país deva ser a fonte do renascimento de uma empresa responsável, porque somos os primeiros a enxergar o reverso do sonho", ele explica. Ele está convencido de que a empresa é o melhor ponto de partida para uma transformação desse gênero "porque ela exerce uma parcela de influência extraordinária sobre a sociedade. Com tanto controle sobre a vida das pessoas, é de se esperar — é uma espécie de lei natural — que a empresa tenha responsabilidade por essa transformação. No tempo de Adam Smith, no século XVIII, acreditava-se que havia uma sociedade moral. Acreditava-se que havia uma consciência atuante. Com o passar dos anos, fizemos tanto em termos de legislação e do exercício da lei que evoluímos de modo inconsciente para um estado em que tudo é aceitável, a menos que seja ilegal. Portanto, já não há mais um código moral inerente ao indivíduo. A bússola da moral foi descartada e explorar as brechas da lei tornou-se um jogo. Nossa consciência atrofiou".

Renesch acredita que começou uma grande transformação na sociedade e um despertar para uma consciência superior. "A sociedade está mudando sua mentalidade passando da competição, da escassez, das metas a curto prazo e da exploração,

Apêndice B

para segurança, inter-relações, cooperação e responsabilidade dos "possuidores" pelos "despossuídos".

Ele ouve um chamado para apoiar esse novo paradigma em ascensão e torná-lo mais rápido, para evitar uma crise mundial. "Nossa espécie, pela primeira vez na sua história, pode aniquilar-se ou transcender. Ou vai se dizimar ou dar o próximo passo na evolução, que é essa consciência divina, que se liga a todos de modo holístico. Estamos no limiar de uma mudança evolutiva. O que poderia ser mais animador do que o ser humano romper a barreira da separação?" Nessa ascensão para uma unicidade, Renesch vê a tecnologia do computador e da comunicação como um fator de união. "Em algum momento, talvez nem precisemos da máquina", ele prevê.

"Não se pode prever quando vai acontecer uma mudança. Pode levar milhões de anos para acontecer e, de repente, acontece. Essa mudança de consciência já está acontecendo em vários lugares, em vários estágios.

"Há muitas transformações acontecendo no íntimo das pessoas enquanto meditam, rezam e se envolvem em relacionamentos que as influenciam. Creio que haverá uma série de revelações. Quando uma certa dose de aceitação se manifestar em cada indivíduo, alguém dirá algo de que todos falarão como se já soubessem há muito tempo. De repente, algo que era muito íntimo e acalentado será revelado como se já fosse conhecido por todos, por estar no íntimo das pessoas por tanto tempo.

"Há um lado mais espiritual do espírito humano também — a relação que nós, seres humanos, temos com o divino. As pessoas estão se ligando à vida universal, ao divino, ao sagrado. Mas a popularidade da literatura sobre a alma e a espiritualidade nos negócios passará em breve", Renesch adverte. O termo "espiritual" torna-se obscuro e confunde-se com espiritualismo e espiritualistas. Ele prefere usar o termo "cons-

A conquista de um mundo melhor

ciência" para lançar a idéia de "percepção que ultrapassa o ser isolado, abrange toda a espécie e vai mais além, abarcando a responsabilidade e a dimensão divina".

Todos são líderes

O novo paradigma abrange o conceito de que todos somos líderes. Por liderança, Renesch entende que todos temos responsabilidades pela empresa. "Quando você vê algo que precisa ser feito, ascende a um posto de liderança no mesmo instante. Quando acaba de fazer o que foi preciso, você volta a ser não apenas um seguidor, mas *um dos seguidores*. É uma questão de ser responsável. Se for responsável como operador de empilhadeira, você é líder quando vê que há um modo de ser mais eficiente. Comumente, o que acontece é dizermos 'Não é problema meu'.

"Ainda é um erro pensar que a liderança vem de cima. O sistema foi estabelecido para que reconheçamos as pessoas que estão no topo. Ainda cultivamos essa aura de estrela, guru ou celebridade em torno das pessoas." O resultado disso é que um grande número de pessoas nos patamares inferiores dizem "Se, ao menos, pudéssemos fazer com que mudassem", referindo-se aos líderes instituídos. E, ao mesmo tempo, as pessoas do alto lamentam que não conseguem mudar as pessoas de baixo. "Historicamente, as pessoas de baixo sempre se viram sem autoridade. 'Somos apenas trabalhadores', supõem.

"Não estou convencido de que se pode dar poder a alguém. As pessoas é que têm de se habilitar, e tem de haver uma atmosfera, conexão ou contexto que viabilize esse processo. Quando as pessoas dizem "Vamos delegar poderes aos nossos empregados", a hierarquia não muda; apenas se fala numa língua diferente. É como dizer "Quero lhes dar força para que eu possa tirar mais proveito deles". Renesch acredita, no entanto, que um número cada vez maior de gerentes estão de fato agindo de

Apêndice B

acordo com o que pregam, e, nos estratos inferiores, cada vez mais pessoas desempenham papéis de maior responsabilidade. De fato, a idéia de um indivíduo assumir responsabilidade pela própria vida, pelo trabalho e pelo planeta começou nos anos sessenta e setenta, ressalta o autor.

"Não acredito que um dia teremos uma organização sem presidente", ele admite. "Ainda haverá alguém no topo. Para que continuem a exercer o poder, entretanto, terão de reconhecer a liderança que há em todo o resto da organização, e terão de honrar a liderança de onde quer que ela venha. A liderança deve surgir de todos os níveis em nossas organizações se quisermos que sobrevivam."

"Os líderes transformadores conseguem que o trabalho seja feito, dada a sua posição na organização, mas há um caráter transformador no modo como desempenham sua função que faz com que as outras pessoas que trabalham com eles sintam-se fortalecidas mesmo sem exercer cargos de gerência."

Torcida organizada

Fora dos limites da liderança, convocando "os destemidos líderes da mudança", Renesch empenha-se para formar uma massa significativa de pessoas que possa provocar uma revolução naquilo que podemos ser. "A maioria dos defensores de mudanças no mundo dos negócios são muito recatados", lamenta-se Renesch. "São muito eruditos, muito quietos, de fala mansa. Não formam uma espécie de torcida organizada. Se houvesse mais pessoas falando mais corajosamente sobre o que acreditam, poderia haver muito mais entendimento sobre o que é certo e errado. Pode ser que todos estejam esperando que alguém eleve a voz. O que temos, creio, é uma grande conspiração do silêncio na comunidade empresarial, como vemos na maioria dos sistemas que não funcionam mais."

Renesch considera sua missão oferecer produtos que falem por si — que informem, inspirem, e que unam as pessoas que tenham a mesma visão do mundo dos negócios. Ler sobre líderes mostra-lhes que não estão sós. "No mundo dos negócios há um anseio de se juntar a outros espíritos de igual mentalidade e que expressem a mesma preocupação pelo estado atual das coisas — a qualidade de vida, as pressões, o ritmo da vida", ele explica. "A natureza humana como um todo parece estar sendo reprimida." Ele quer proporcionar material de reforço para que as pessoas possam se tornar defensoras das mudanças em suas organizações.

Mas Renesch não é ingênuo em relação ao que o futuro pode trazer. O mundo não precisa se encher de sofrimento e dor, com atos ocasionais de benevolência. Visto que este mundo jamais será perfeito, poderíamos transformá-lo "num mundo cheio de boa vontade, com atos ocasionais de violência".

Ele suspeita que "se a maioria de nós estivesse num estado consciente, em contato com as nossas paixões, há algum plano divino além daqui que diz que se todos seguissem essa paixão, haveria o número suficiente de carpinteiros, editores, policiais; tudo funcionaria".

Quem sabe o quanto ainda podemos melhorar o papel que nos cabe e descobrir quem somos? "Tudo o que fizemos até agora na história foi uma projeção do passado. O futuro sempre foi relacionado ao passado. "Mas", diz Renesch, "estamos deixando esse paradigma, e o futuro será aquele que vislumbrarmos — o futuro que criarmos para nós".

APÊNDICE C

Fontes

Business for Social
Responsibility
609 Mission Street, 2nd Floor
San Francisco, CA 94105
415-537-0888
mail@bsr.org

European Bahai' Business
Forum
35 Ave Jean Jaures
Chambery 73000
França
+33 0479 962272
a/c Secretariat, George
Starcher
GS12@calva.net

Foundation for Conscious
Evolution
P.O. Box 4698
Santa Barbara, CA 93140
805-884-9212
mail@peaceroom.org

Genesis: The Foundation for
the Universal Human
P.O. Box 2144

Redway, CA 95560
800-454-SOUL
soulsource@zukav.com

Institute of Noetic Sciences
475 Gate Five Road, #300
Sausalito, CA 94965
415-331-5650
membership@noetic.org

Net Impact (antiga Students
for Responsible Business)
609 Mission Street,
Third Floor
San Francisco, CA 94105
415-778-8366
mail@net-impact.net

Social Venture Network
P.O. Box 29221
San Francisco, CA 94129
415-561-6501
svn@wenet.net

Programa do século XXI para
os negócios: uma proposição

A conquista de um mundo melhor

global para os novos valores
e prioridades da empresa
http://216.218.199.230/THE-
AGENDA

The Club of Budapest
Foundation
Szentharomsag ter 6
H-1014 Budapest
Hungria
011-361-175-1885
budapest-klub@mail.matav.hu

The Society for
Organizational Learning
617-492-6260
www.sol-ne.org
contact@sol-ne.org

World Business Academy
P.O. Box 50450
Pasadena, CA 91115
626-403-3358
wba@well.com

World Future Society
7910 Woodmont Ave. # 450
Bethesda, MD 20814
301-656-8274
info@wfs.org

Bibliografia

"America's World", *The Economist*, 23 de outubro, 1999.

"A Nation Divided", Mortimer Zuckerman, *U.S. News & World Report*, 18 de outubro, 1999.

ANDERSON, Ray C. *Mid-Course Correction: Toward A Sustainable Enterprise: The Interface Model.* Atlanta, GA: Peregrinzilla Press, 1998.

BERENSON, David. "A Systemic View of Spirituality: God and Twelve Step Programs as Resources in Family Therapy", in *Addiction and Spirituality: A Multidisciplinary Approach*, O. J. Morgan and M. Jordan (orgs.). St. Louis: Chalice Press, 1999.

"Coming Together, Ten Years On", *The Economist*, 13 de novembro, 1999.

"Corporate Futures: An Interview with David Korten and Paul Hawken", *Yes! A Journal for Positive Futures*, Positive Futures Network, verão, 1999.

DALAI LAMA, *Ethics for the New Millennium*, Nova York: Riverhead Books, 1999.

DEMING, W. Edwards. *The New Economics: For Industry, Government, Education.* Cambridge, MA: MIT, 1993.

DIDSBURY, Jr., Howard. Prefácio e Introdução. *Frontiers of the 21st Century: Prelude to the New Millennium*. Bethesda, MD: World Future Society, 1999.

DRUCKER, Peter. *Landmarks of Tomorrow*. New Brunswick, NJ: Transaction Publishers, 1996.

EMERY, Stewart. "A Conversation with Norman Lear", in *Leadership in a New Era* (John Renesch, org.). San Francisco: New Leaders Press, 1994.

FOX, Matthew. *The Reinvention of Work: A New Vision of Livelihood for Our Time*. San Francisco: Harper, 1994.

FRIEDMAN, Milton. "The Social Responsibility of Business is to Increase its Profits". In: *The New York Times Magazine*, 13 de setembro, 1970.

FRITZ, Robert. *The Path of Least Resistance*. Nova York: Fawcett-Columbine, 1989.

HANDY, Charles. *The Hungry Spirit*. Nova York: Broadway Books, 1998.

HARMAN, Willis. *Global Mind Change: The Promise of the 21st Century*. San Francisco: Berrett-Koehler Publishers e Institute of Noetic Sciences, 1998.

HARVEY, Jerry. *The Abilene Paradox And Other Meditations on Management*. Nova York: Lexington Books, 1988.

HOCK, Dee. *The Birth of Chaordic Age*. San Francisco: Berrett-Koehler Publishers, 1999. [*Nascimento da Era Caórdica*, publicado pela Editora Cultrix, São Paulo, 2000.]

HUBBARD, Barbara Marx. *Conscious Evolution: Awakening the Power of Our Social Potential*. Novato, CA: New World Library, 1998.

KURTZMAN, Joel. *The Death of Money*. Nova York: Simon & Schuster, 1993.

Bibliografia

LAND, George e JARMAN, Beth. *Breakpoint and Beyond: Mastering the Future Today.* Nova York: Harper Collins, 1992. [*Ponto de Ruptura e Transformação*, publicado pela Editora Cultrix, São Paulo, 1991.]

LASZLO, Ervin. *3rd Millennium: The Challenge and the Vision.* Londres: Gaia Books Ltd., 1997.

_____. *Choice: Evolution or Extinction?* Nova York: Jeremy P. Tarcher/ Putnam Books, 1994.

LEONARD, George. "Taking the Hit as a Gift". In: *Review Nº 49.* Institute of Noetic Sciences, Agosto — Novembro, 1999.

LIBERTY, Larry. *Leadership Wisdom: A Guide to Producing Extraordinary Results.* Carmichael, CA: Carmichael Printing, 1990.

MASLOW, Abraham. *Motivation and Personality.* Nova York: Harper & Row, 1970.

MULLER, Robert. "The Absolute Urgent Need for Proper Earth Government". In: *Frontiers of the 21st Century: Prelude to the New Millennium.* Bethesda, MD: World Future Society, 1999.

"New Report Anticipates Cultural Revitalization" (Artigo sobre a pesquisa de Paul Ray.) In: *The New Leaders Newsletter.* Novembro/ Dezembro, 1995.

"Oprah Winfrey Show", ABC-TV, 13 de julho, 1999.

PASCARELLA, Perry. "Design a Better Future". In: *Industry Week,* 6 de maio, 1996.

RABBIN, Robert. *Invisible Leadership: Igniting the Soul at Work.* Lakewood, CO: Acropolis Books, 1998. [*Liderança Invisível*, publicado pela Editora Cultrix, São Paulo, 2001.]

RENESCH, John. "The Conscious Organization", *Business Spirit Journal*, agosto, 1999.

A conquista de um mundo melhor

_____. "New Leaders for a New Future: The New Business Cosmology". In: *World Futures*, janeiro de 1998.

_____. (org.). *The New Bottom Line: Bring Heart and Soul to Business*. San Francisco: New Leaders Press, 1996.

RODDICK, Anita. *Body and Soul: Profits with Principles*. Nova York: Crown Publishers, 1991.

RUSSELL, Peter. "Mysterious Light: A Scientist's Odissey". In: *IONS Review Nº 50*. Institute of Noetic Sciences, dezembro, 1999 — março, 2000.

_____. *The Global Brain Awakens: Our Next Evolutionary Leap*. Palo Alto, CA: Global Brain, Inc.: 1995.

SCHWARTZ, Peter, LEYDEN, Peter e HYATT, Joel. *The Long Boom: A Vision for the Coming Age of Prosperity*. Reading, MA: Perseus Books, 1999.

SENGE, Peter M. *The Fifth Discipline: The Art & Practice of the Learning Organization*. Nova York: Douleday/ Currency, 1990.

"The Silicon Seduction". In: *San Francisco Magazine*, setembro, 1999.

THUROW, Lester. *The Future of Capitalism: How Today's Economic Forces Shape Tomorrow's World*. Nova York: William Morrow and Company, 1996.

TWIST, Lynne. "Find a Place to Stand", in *Yes! A Journal for Positive Futures*. Positive Futures Network, 1999.

WILLIAMSON, Marianne. *A Return to Love*. San Francisco: Harper Collins, 1996.

ZUKAV, Gary. *The Seat of the Soul*. Nova York: Simon & Schuster, 1989. [*A Morada da Alma*, publicado pela Editora Cultrix, São Paulo, 1993.]

*"Examinar a própria vida é um processo contí-
nuo com o qual podemos contar para o resto da
vida, desde que estejamos comprometidos com o
crescimento espiritual."*

— John E. Renesch